Einstern

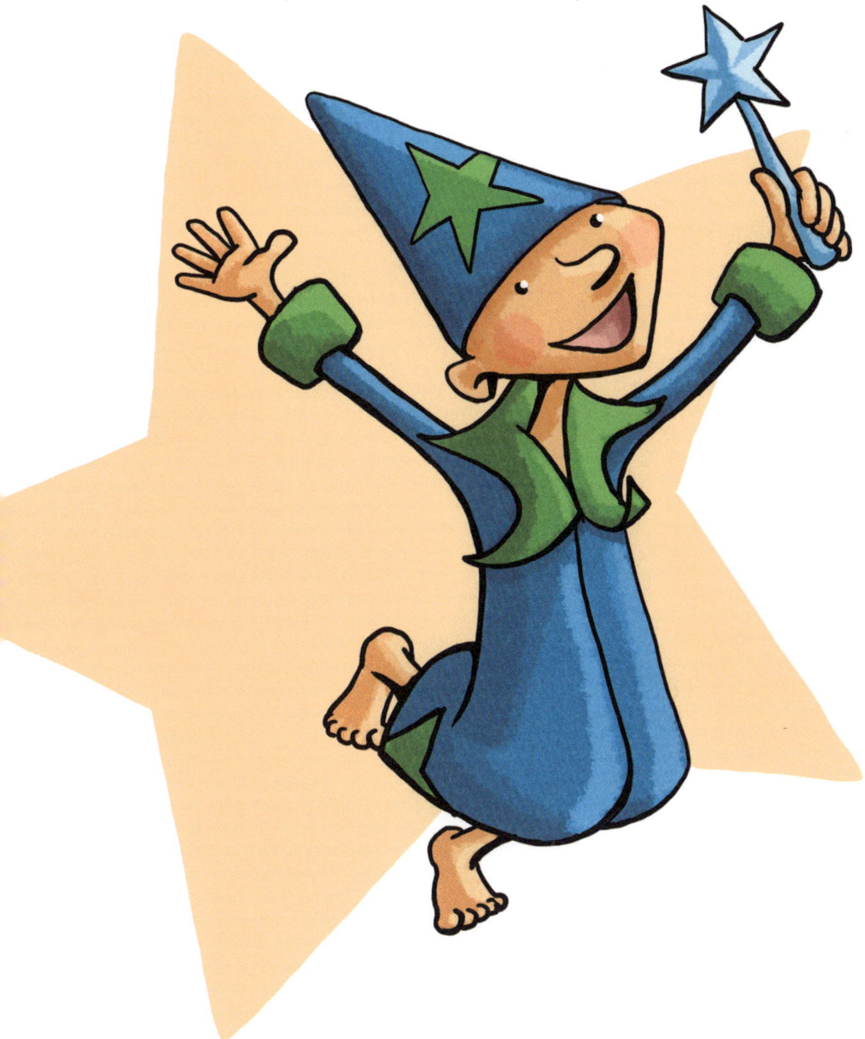

1

Themenheft 1

- Die Zahlen bis 10
- Formen, Muster, Reihen

Erarbeitet von Roland Bauer und Jutta Maurach

In Zusammenarbeit mit der Redaktion Mathematik Grundschule

Cornelsen

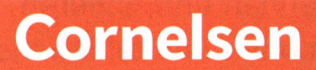

Inhaltsverzeichnis

Lernportion 1 Anzahlen darstellen und bestimmen

Zahlen in unserer Umgebung .... 4 ☐

Die Zahlen bis 10 .... 6 ☐

Dinge zählen und Strichlisten erstellen .... 8 ☐

Strichlisten und Würfelbilder zuordnen .... 9 ☐

Mengen, Strichlisten, Würfelbilder und Zahlen zuordnen .... 10 ☐

Mengen darstellen .... 11 ☐

Passende Zahl auswählen .... 12 ☐

Anzahl einkreisen .... 13 ☐ ★

Lernportion 2 Die Zahlen bis 6 schreiben

1 schreiben .... 14 ☐

2 schreiben .... 15 ☐

3 schreiben .... 16 ☐

4 schreiben .... 17 ☐

5 schreiben .... 18 ☐

6 schreiben .... 19 ☐

Zahlen bis 6 schreiben .... 20 ☐

Zahlen eintragen .... 21 ☐ ★

Lernportion 3 Die Zahlen bis 10 schreiben

7 schreiben .... 22 ☐

8 schreiben .... 23 ☐

9 schreiben .... 24 ☐

Die Zahl 0 kennenlernen .... 25 ☐

Zahlen bis 10 schreiben .... 26 ☐

Mit Fingern Zahlen darstellen und erkennen .... 27 ☐

Zahlen zu Punktebildern schreiben .... 28 ☐

Punktebilder finden .... 29 ☐

Das Zehnerfeld kennenlernen .... 30 ☐

Ergänzen und wegstreichen am Zehnerfeld .... 31 ☐ ★

Lernportion 4 Zahlen vergleichen und ordnen

Anzahlen vergleichen .... 32 ☐

Zahlen vergleichen .... 33 ☐

Zahlen der Reihenfolge nach verbinden .... 34 ☐

Fehlende Zahlen einsetzen .... 35 ☐

Nachbarzahlen finden .... 36 ☐

Ordnungszahlen kennenlernen und Reihenfolge aufschreiben . 37 ☐

Reihenfolge erkennen und notieren .... 38 ☐ ★

Reihenfolge erkennen und fehlendes Bild ergänzen .... 39 ☐

Lernportion 5 Zahlen zerlegen

⭐ Zahlzerlegungen im Zahlenhaus darstellen .... 40 ☐
⭐ Zahlzerlegungen bis 5 finden .... 41 ☐
⭐ Zahlzerlegungen zu 6, 7 und 8 finden .... 42 ☐
⭐ Zahlzerlegungen zu 9 und 10 finden .... 43 ☐
⭐ Zahlzerlegungen finden (1) .... 44 ☐
☆ Zahlzerlegungen finden (2) .... 45 ☐
☆ Zahlzerlegungen zur 10 bilden .... 46 ☐
⭐ Verliebte Zahlen kennenlernen .... 47 ☐ ⭐

Lernportion 6 Geometrische Formen, Muster und Reihen

⭐ Formen erkennen und ausmalen .... 48 ☐
⭐ Formen erkennen, ausmalen und zählen .... 49 ☐
⭐ Formen erkennen und Figuren auslegen .... 50 ☐
☆ Figuren auslegen .... 51 ☐
⭐ Reihen aus Formen fortsetzen und gestalten .... 52 ☐
☆ Fehler in Reihen finden .... 53 ☐
⭐ Muster fortsetzen und gestalten .... 54 ☐ ⭐

Ich bin Tim.

Ich bin Einstern.

Ich bin Lea.

1

1	2	3	4	5	6	7	8	9	10
I	II	III	IIII	卌	卌 I	卌 II	卌 III	卌 IIII	卌 卌

September
1 — 2
3 Lisa 4
5 — 6
7 — 8
9 Tim 10
11 — 12
13 — 14
15 — 16
17 — 18
19 — 20
21 — 22 Ole
23 — 24
25 — 26
27 — 28
29 — 30

B

★ SF: über das Bild sprechen
★ mathematisches Vorwissen aktivieren
★ SF: über Erfahrungen mit Zahlen im Alltag berichten

5

1

10
卌 卌

9
卌 IIII

8
卌 III

7
卌 II

6
卌 I

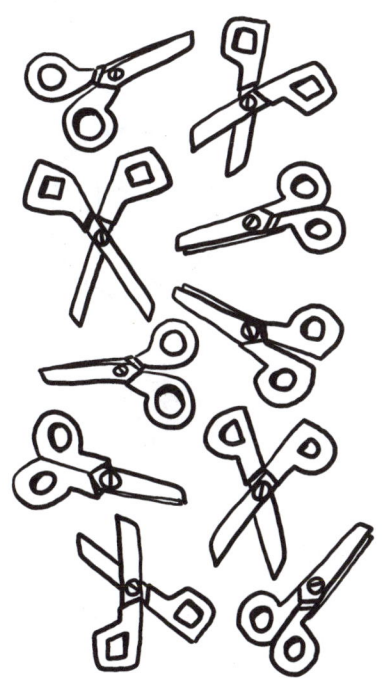

★ Anzahlen bestimmen und zuordnen
★ Darstellung in Strichlisten kennenlernen
★ SF: Begriff „Strichliste" verwenden

7

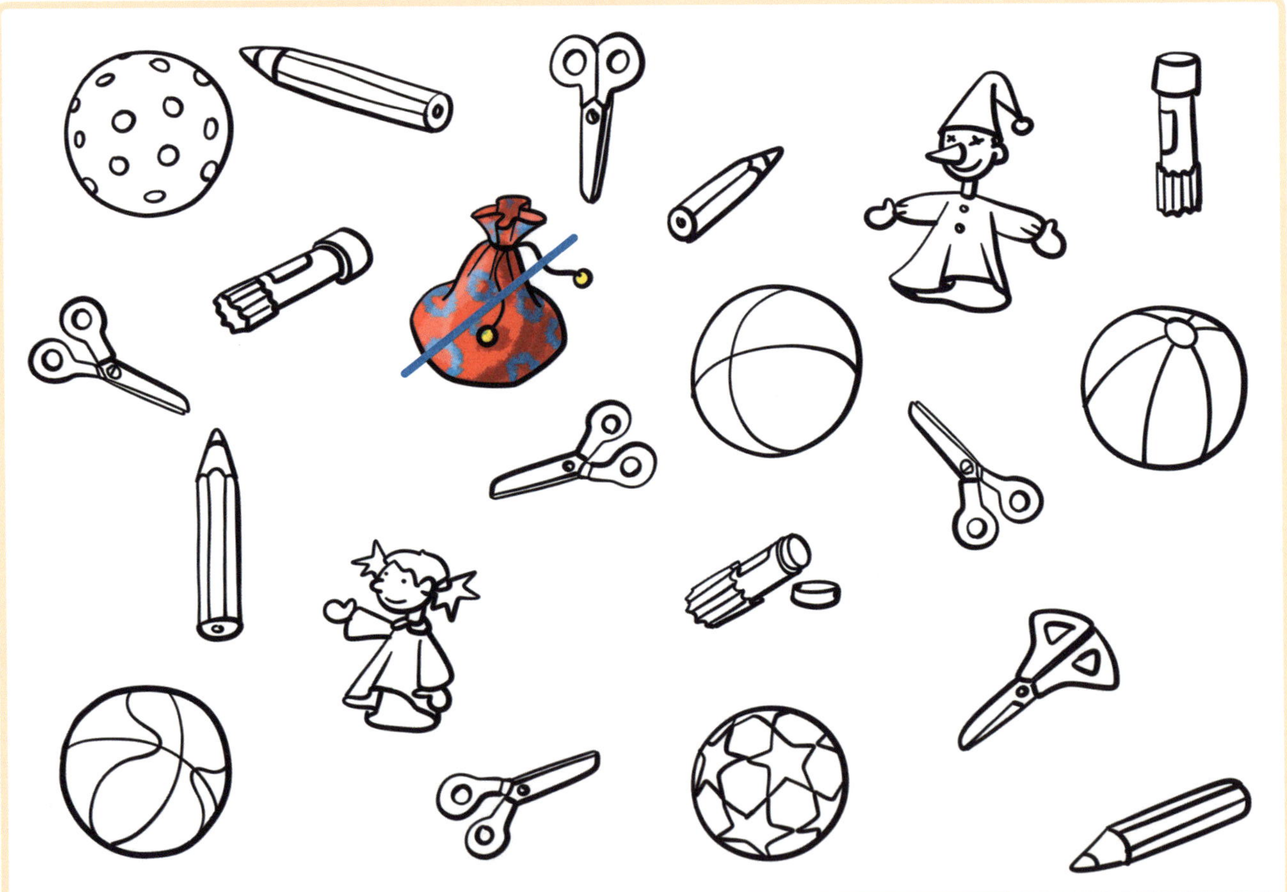

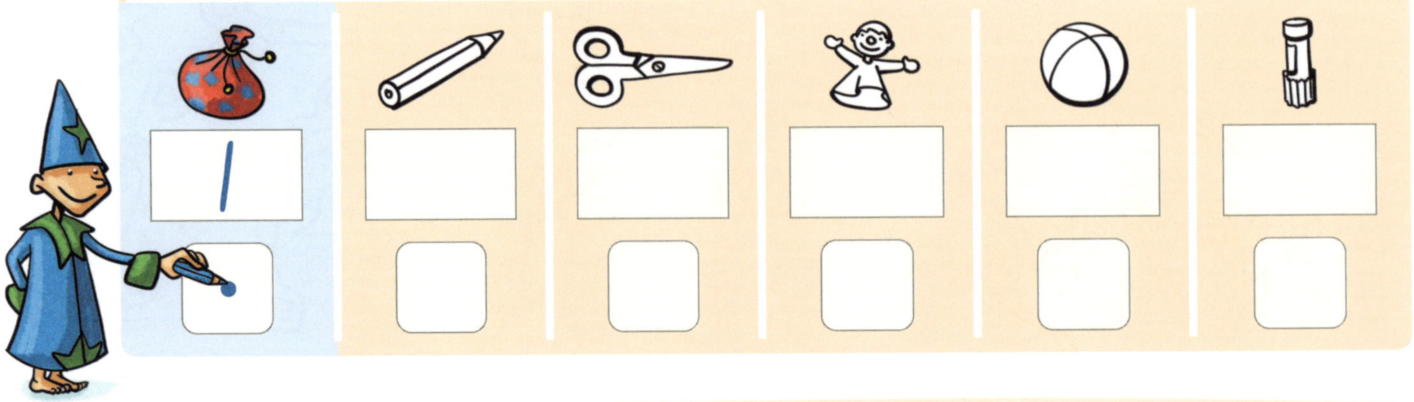

★ Dinge zählen – Strichlisten erstellen, Würfelbilder zeichnen
★ **SF:** Begriff „Strichliste" verwenden
★ Durchstreichen als Zählhilfe nutzen

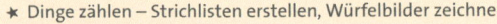

1

						car	🎲 (5)
				marbles	🎲 (2)
		people	🎲 (4)
					teddy bears	🎲 (1)
						blocks	🎲 (3)
			figures	🎲 (6)

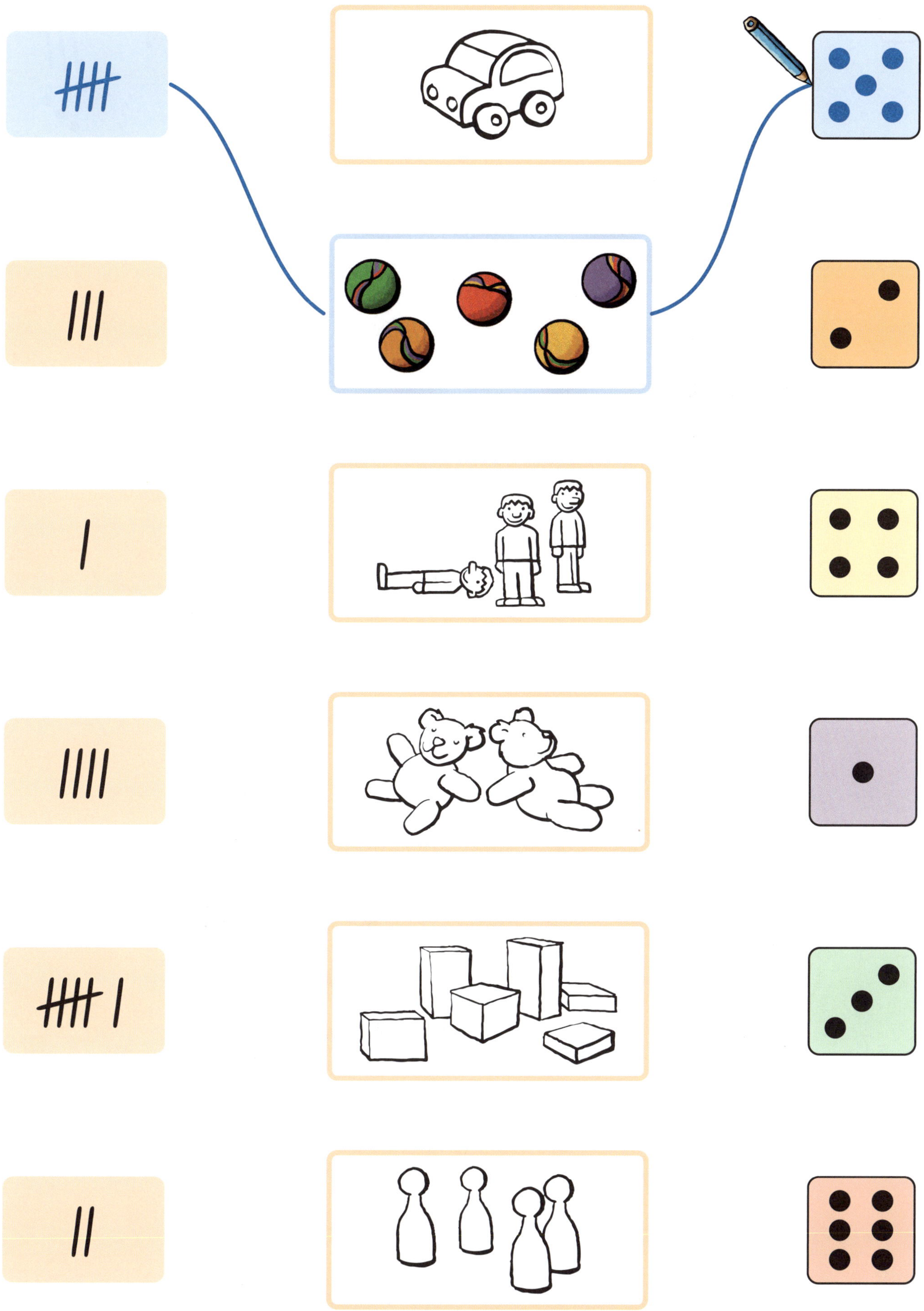

★ Dinge zählen ★ Strichlisten und Würfelbilder zuordnen
★ erkennen, dass gleiche Anzahlen auf unterschiedliche Weise dargestellt werden können

9

1 ┃┃┃┃ ┃   ┃┃┃┃   ┃┃┃┃ ┃┃   ┃┃┃

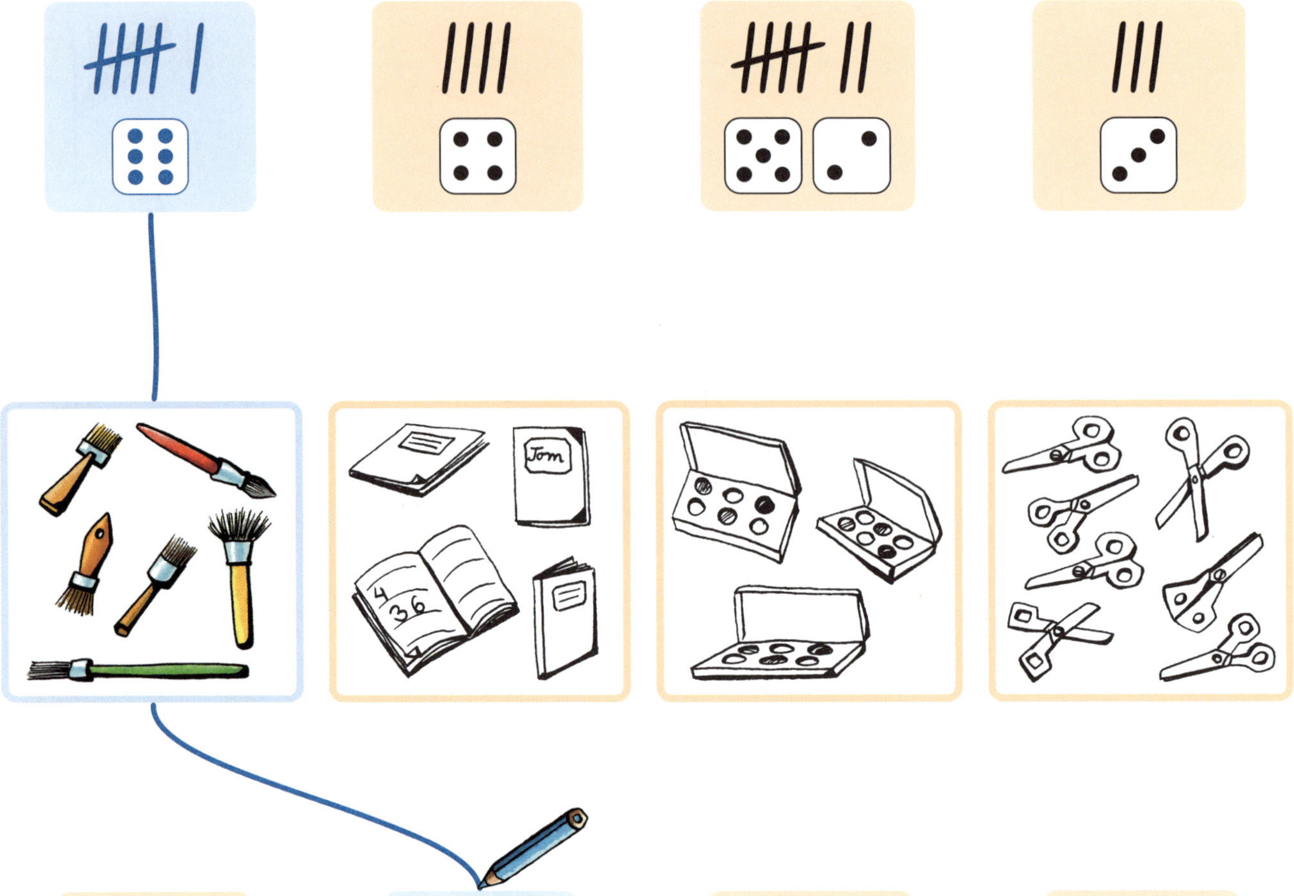

4   6   7   3

2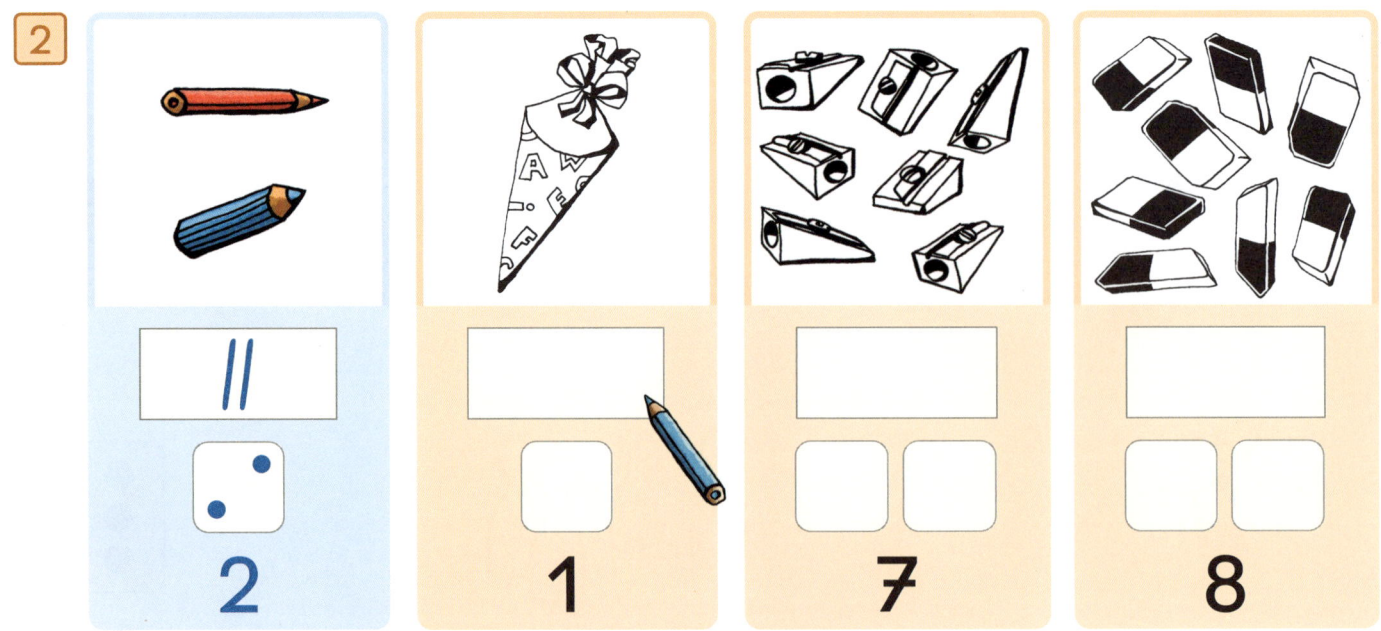

2   1   7   8

★ Dinge zählen, ggf. Durchstreichen als Zählhilfe nutzen
★ Zahlen, Strichlisten, Würfelbilder zuordnen
★ Strichlisten und Würfelbilder ergänzen

1

⚄	⦀⦀ 5
⚁	⦀⦀ 3
⚄ ⚄	⦀⦀⦀ 9

2

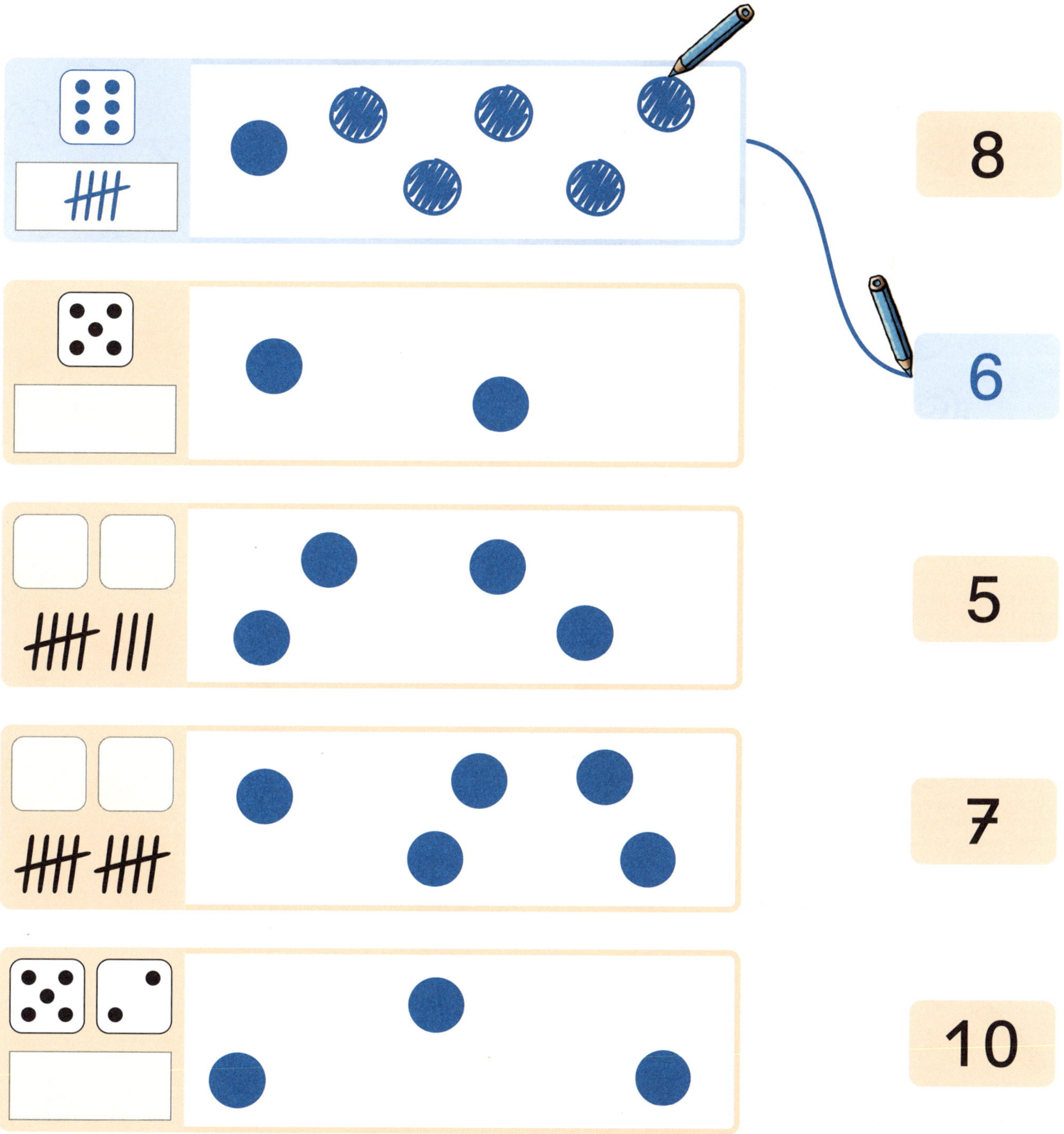

⚅ ⦀⦀⦀ — 8

⚄ — 6

⦀⦀⦀ ⦀⦀⦀ — 5

⦀⦀⦀ ⦀⦀⦀ — 7

⚄ ⚁ — 10

★ Plättchen ergänzen, Menge passend darstellen
★ Würfelbild bzw. Strichliste zeichnen, Plättchen ergänzen, passend verbinden

6 | 4 | (5)

7 | 8 | 9

6 | 3 | 4

2 | 1 | 3

6 | 8 | 4

1 | 6 | 4

6 | 3 | 5

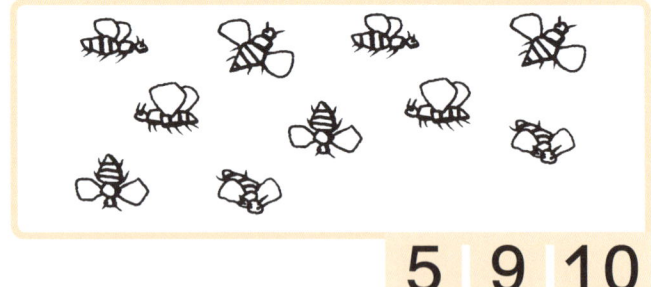

5 | 9 | 10

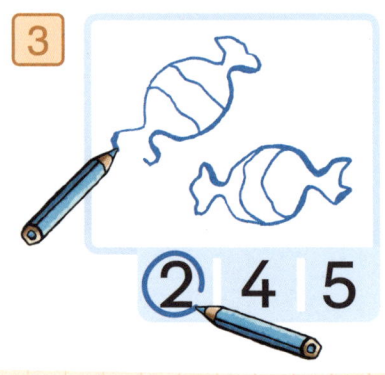

(2) | 4 | 5

3 | 1 | 7

2 | 5 | 10

B   ÜH 1

★ Anzahl bestimmen und einkreisen
★ ggf. Durchstreichen als Zählhilfe verwenden
★ Anzahl wählen und darstellen

1

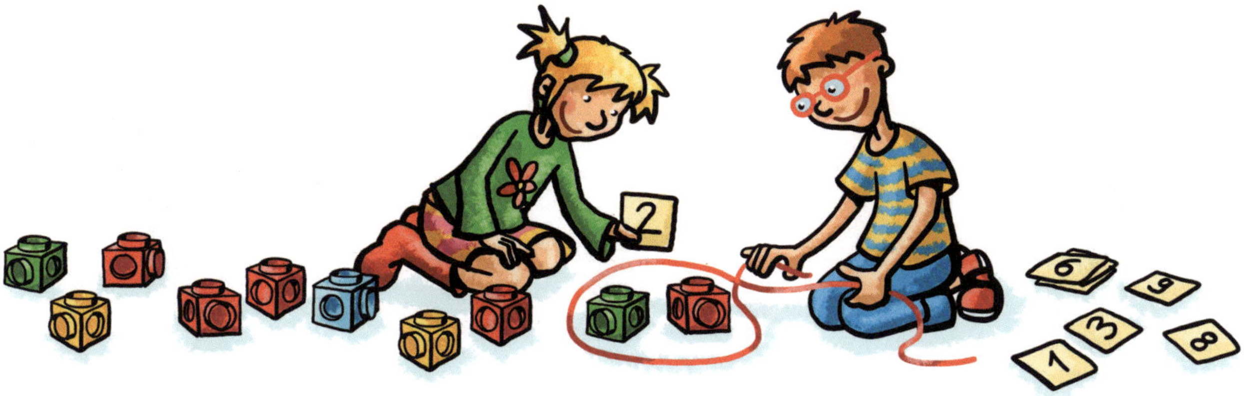

2

2

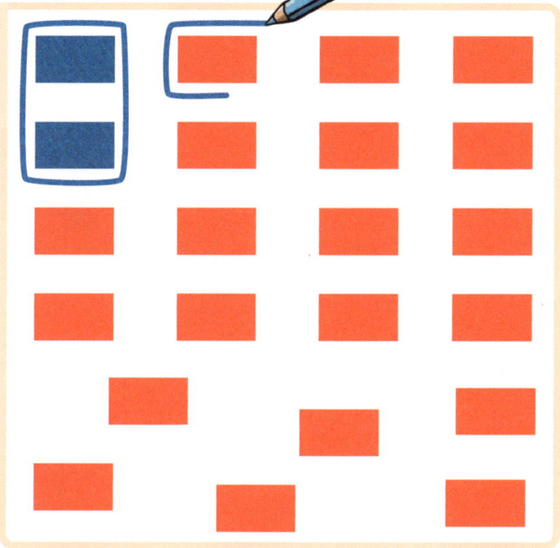

4

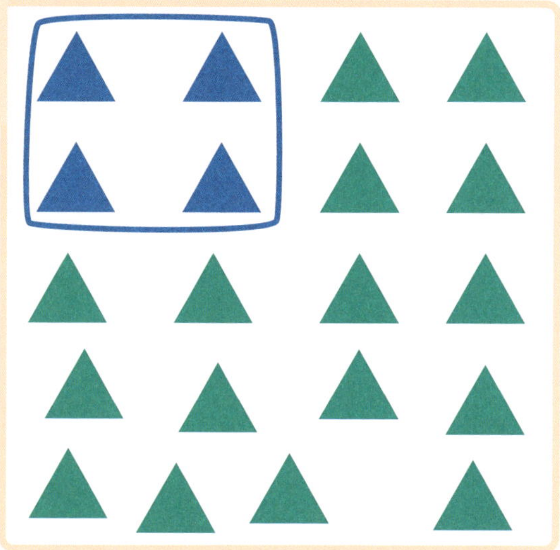

5

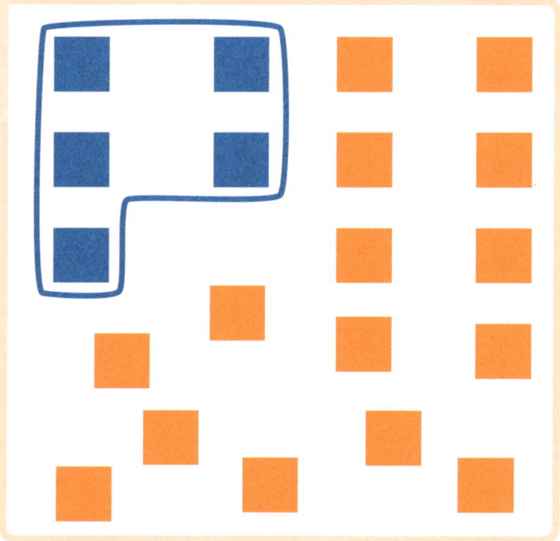

6

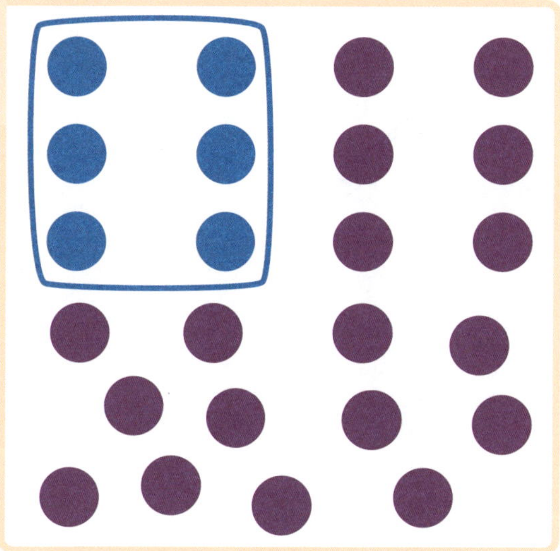

8

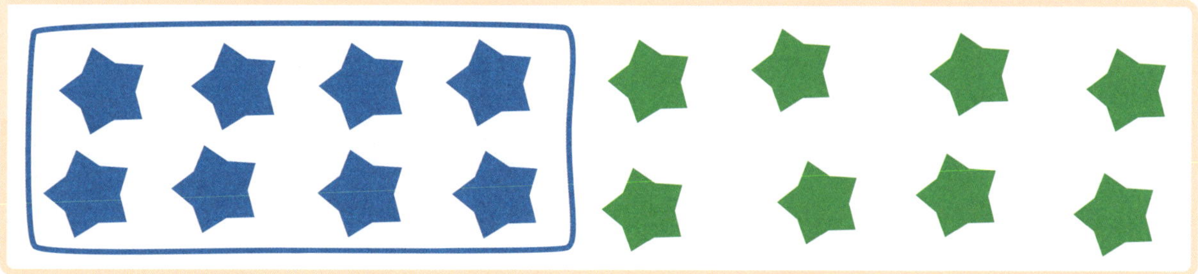

* nach vorgegebener Anzahl bündeln
* vorgegebene Anzahl einkreisen

1

1 → 2

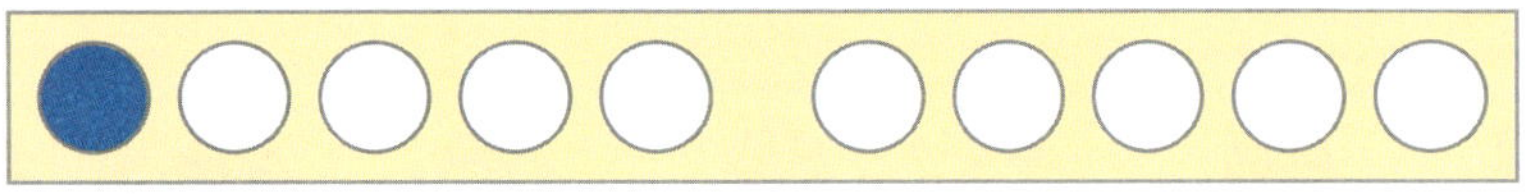

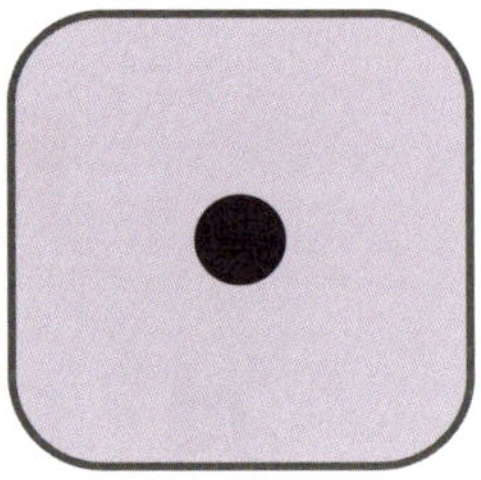

2

★ den Schreibablauf beim Schreiben der 1 erkennen und nachvollziehen ★ Schreibantritt und
Wendepunkt beachten ★ den Schreibablauf auf eine andere Handlungsform übertragen, z. B.
mit einem Seil legen und ablaufen ★ die Zahl auf dem Zehnerfeld darstellen

1

1 →
2 →

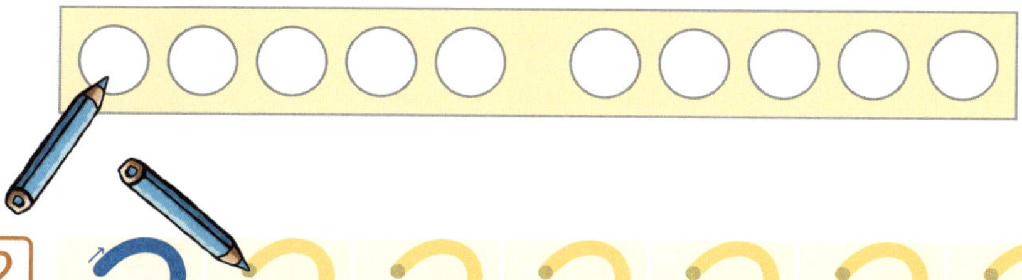

2

★ den Schreibablauf beim Schreiben der 2 erkennen und nachvollziehen ★ Schreibantritt und
Wendepunkt beachten ★ den Schreibablauf auf eine andere Handlungsform übertragen, z. B.
mit dem Finger an der Tafel nachspuren ★ die Zahl auf dem Zehnerfeld darstellen

15

1

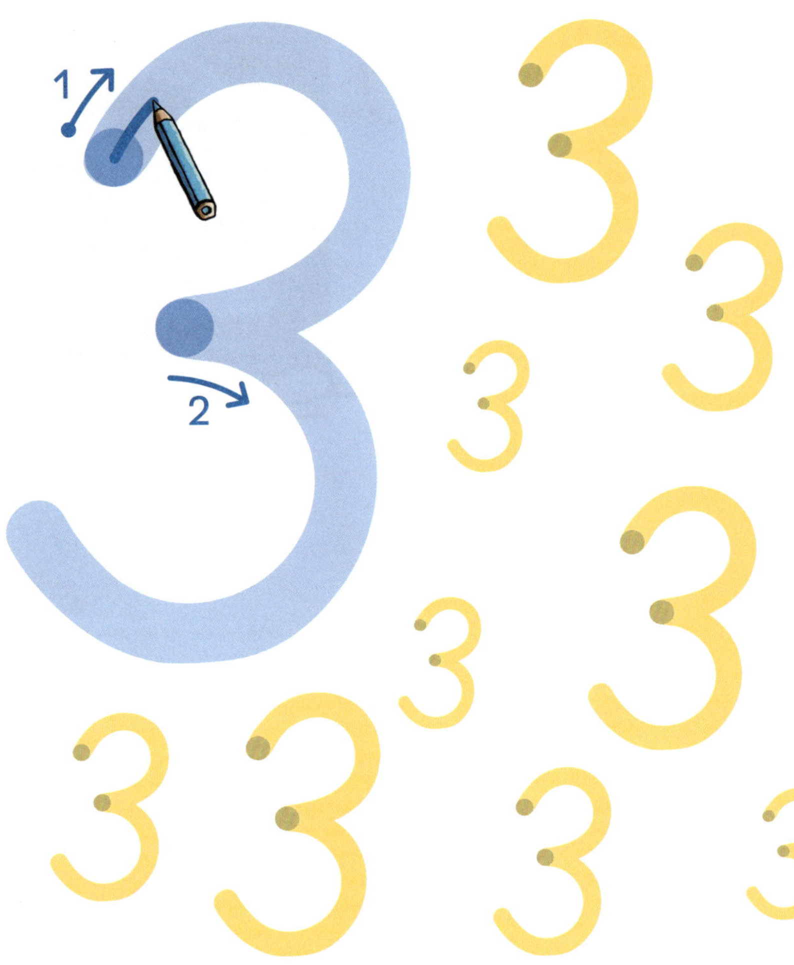

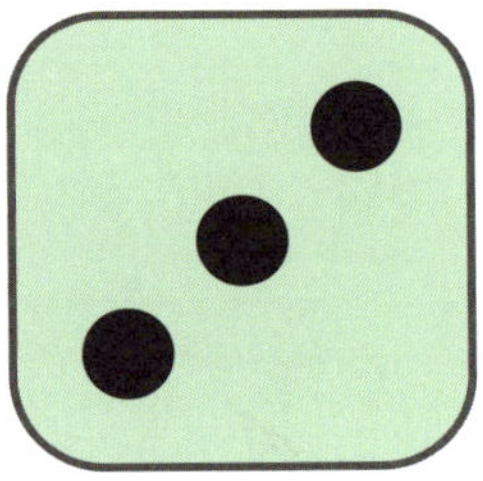

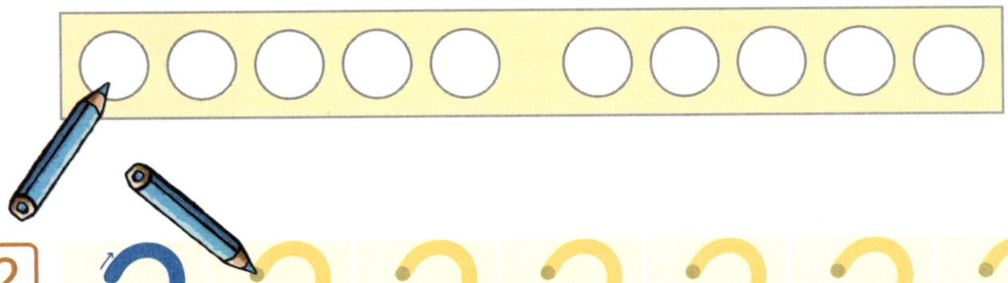

3

2

★ den Schreibablauf beim Schreiben der 3 erkennen und nachvollziehen ★ Schreibantritt und Wendepunkt beachten ★ den Schreibablauf auf eine andere Handlungsform übertragen, z. B. in Sand schreiben ★ die Zahl auf dem Zehnerfeld darstellen

1

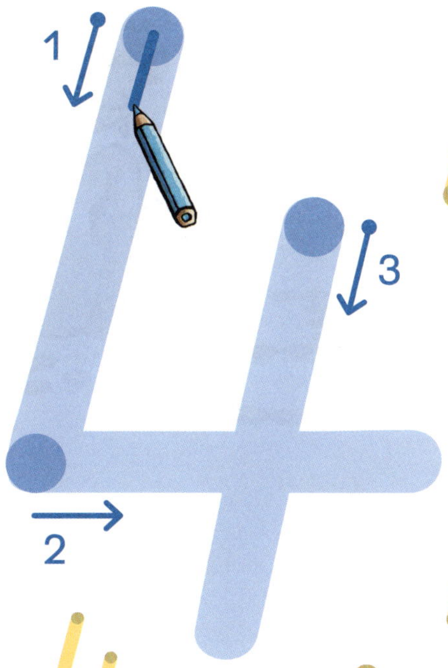

1 ↓ 2 → 3 ↓

4

2

4 4 4 4 4 4 4 4 4 4 4

4 4 4 4 4 4 4 4 4 4 4

4 4 4 4 4 4 4

4 4 4 4 4 4 4 4 4 4

★ den Schreibablauf beim Schreiben der 4 erkennen und nachvollziehen ★ Schreibantritte
und Wendepunkt beachten ★ den Schreibablauf auf eine andere Handlungsform übertragen,
z. B. mit Stiften legen ★ die Zahl auf dem Zehnerfeld darstellen

1

5 5 5 5 5 5 5 5 5 5 5 5 5

2

5 5 5 5 5 5 5 5 5 5 5 5

5 5 5 5 5 5 5 5 5 5 5 5

5 5 5 5 5 5 5 5 5 5 5 5

5 5 5 5 5 5 5 5 5 5 5 5 5

★ den Schreibablauf beim Schreiben der 5 erkennen und nachvollziehen ★ Schreibantritte und Wendepunkt beachten ★ den Schreibablauf auf eine andere Handlungsform übertragen, z. B. mit Plättchen/Steinen legen ★ die Zahl auf dem Zehnerfeld darstellen

1

6 6 6 6 6 6 6 6 6 6 6 6 6 6 6

2

6 6 6 6 6 6 6 6 6 6 6 6 6

6 6 6 6 6 6 6 6 6 6 6 6 6

6 6 6 6 6 6 6 6 6

6 6 6 6 6 6 6 6 6 6 6 6 6

★ den Schreibablauf beim Schreiben der 6 erkennen und nachvollziehen ★ Schreibantritt beachten ★ den Schreibablauf auf eine andere Handlungsform übertragen, z. B. aus Knete formen ★ die Zahl auf dem Zehnerfeld darstellen

ÜH 2   19

1

1 1 1 1 1 1   1

2 2 2 2 2 2   2

3 3 3 3 3 3   3

4 4 4 4 4 4   4

5 5 5 5 5 5   5

6 6 6 6 6 6   6

2
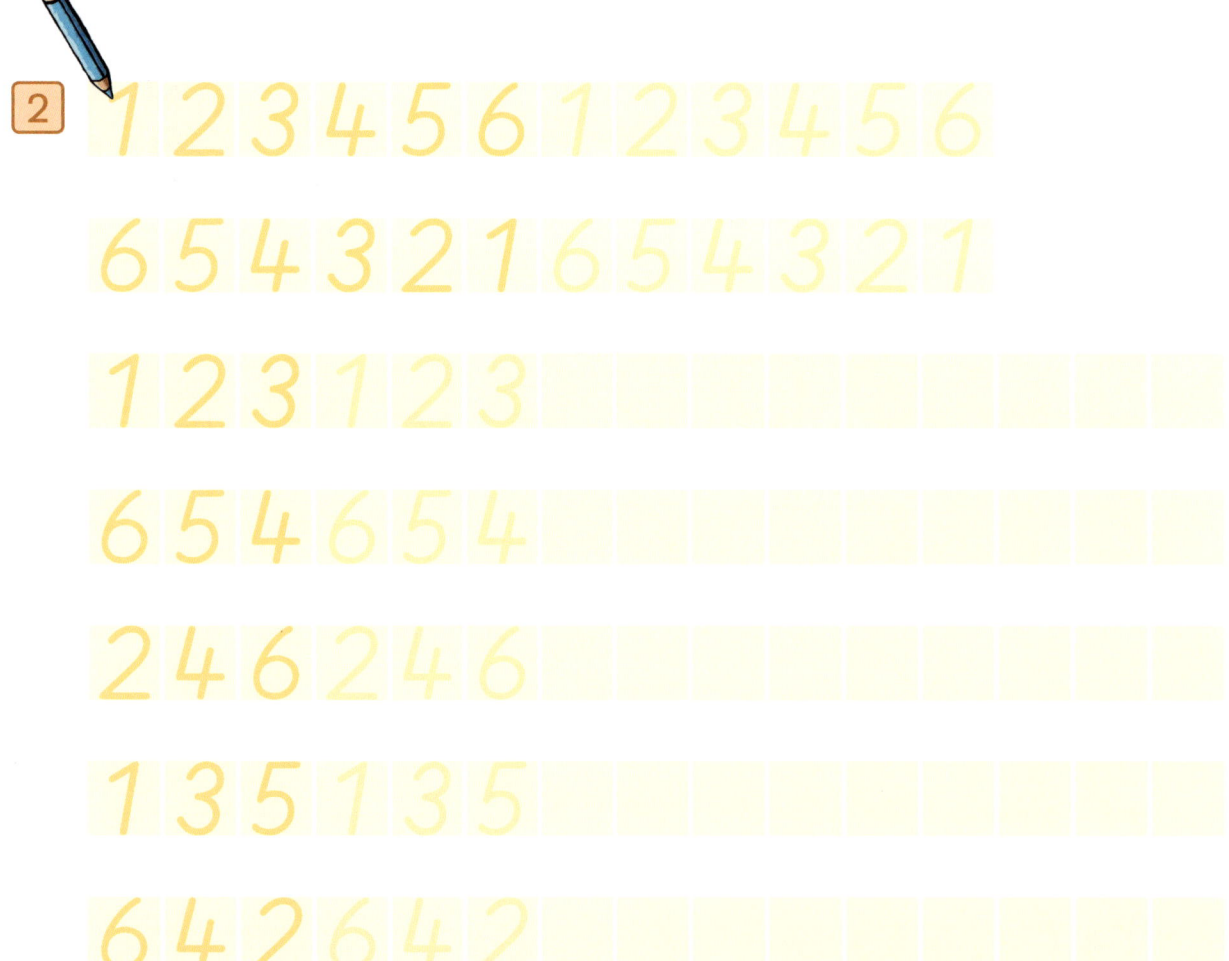

1 2 3 4 5 6 1 2 3 4 5 6

6 5 4 3 2 1 6 5 4 3 2 1

1 2 3 1 2 3

6 5 4 6 5 4

2 4 6 2 4 6

1 3 5 1 3 5

6 4 2 6 4 2

★ Zahlen 1 bis 6 schreiben, Schreibantritte und Wendepunkte beachten
★ Muster in Zahlenreihen erkennen und fortsetzen

2

 2

3

★ Zahlen auf den Rücken schreiben und erspüren
★ Anzahl bestimmen und notieren ★ ggf. Durchstreichen als Zählhilfe verwenden
★ selbst Anzahl bestimmen und notieren und eigenes Mengenbild zeichnen

D 10

21

1

→ 1
↓ 2
3 →

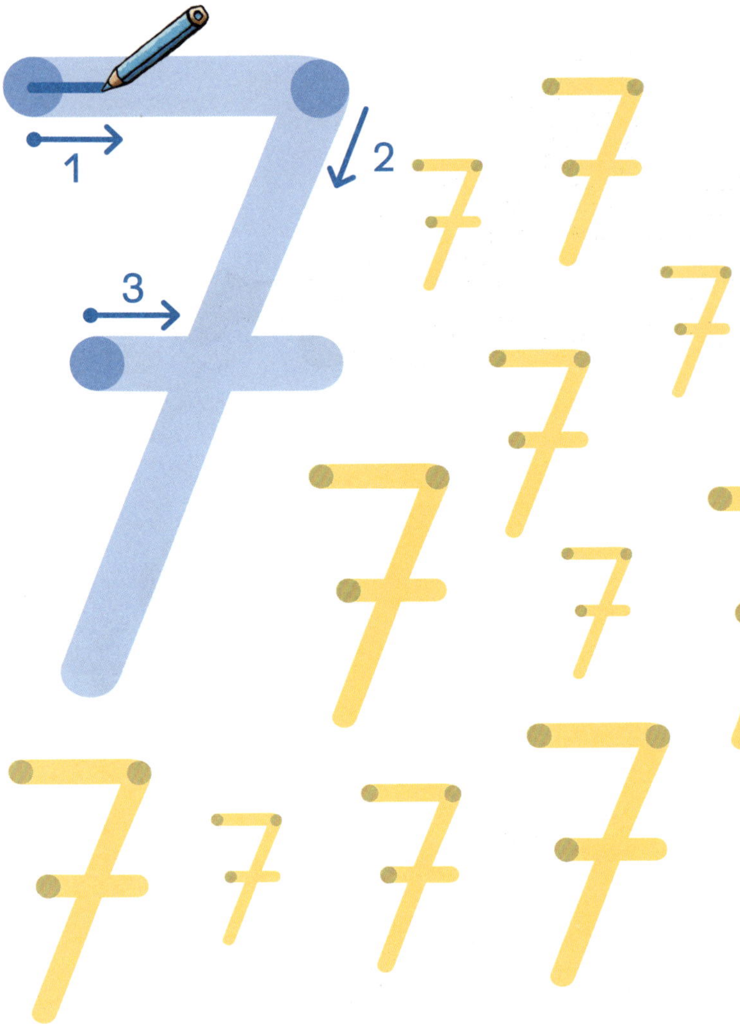

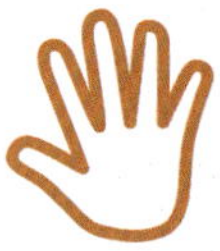

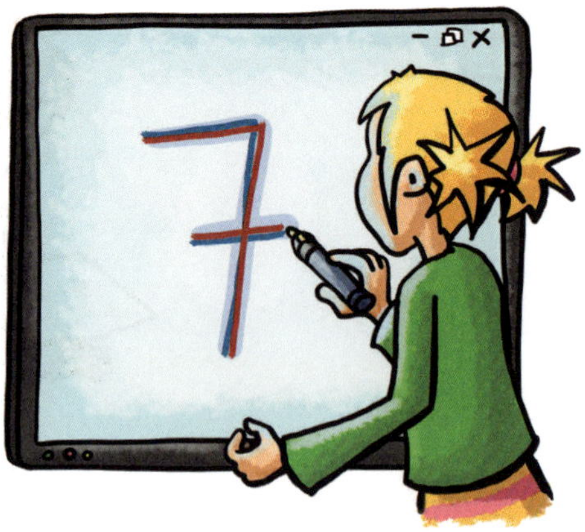

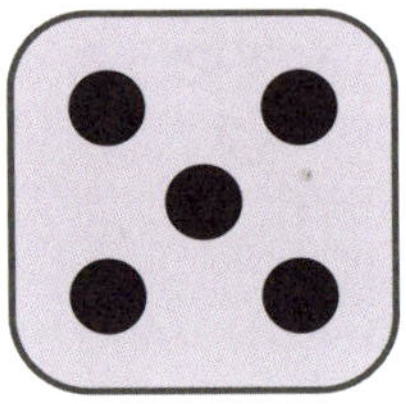

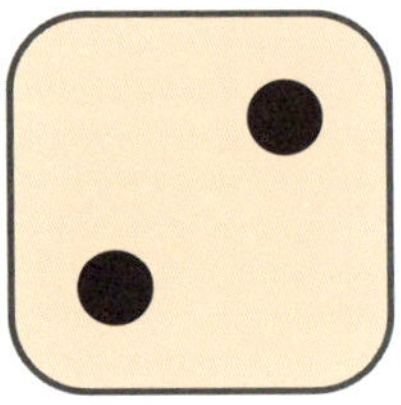

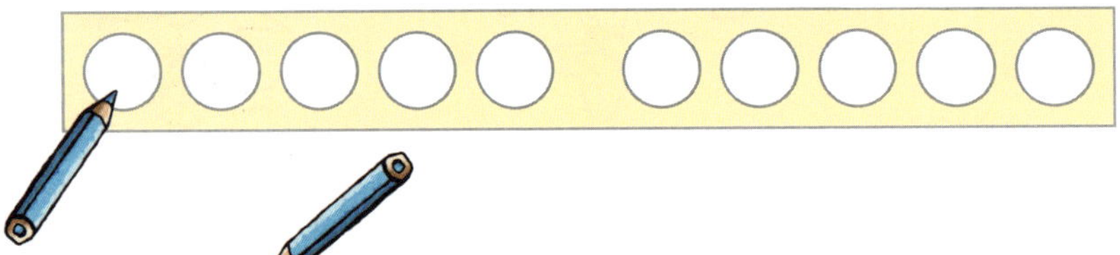

2

→ →

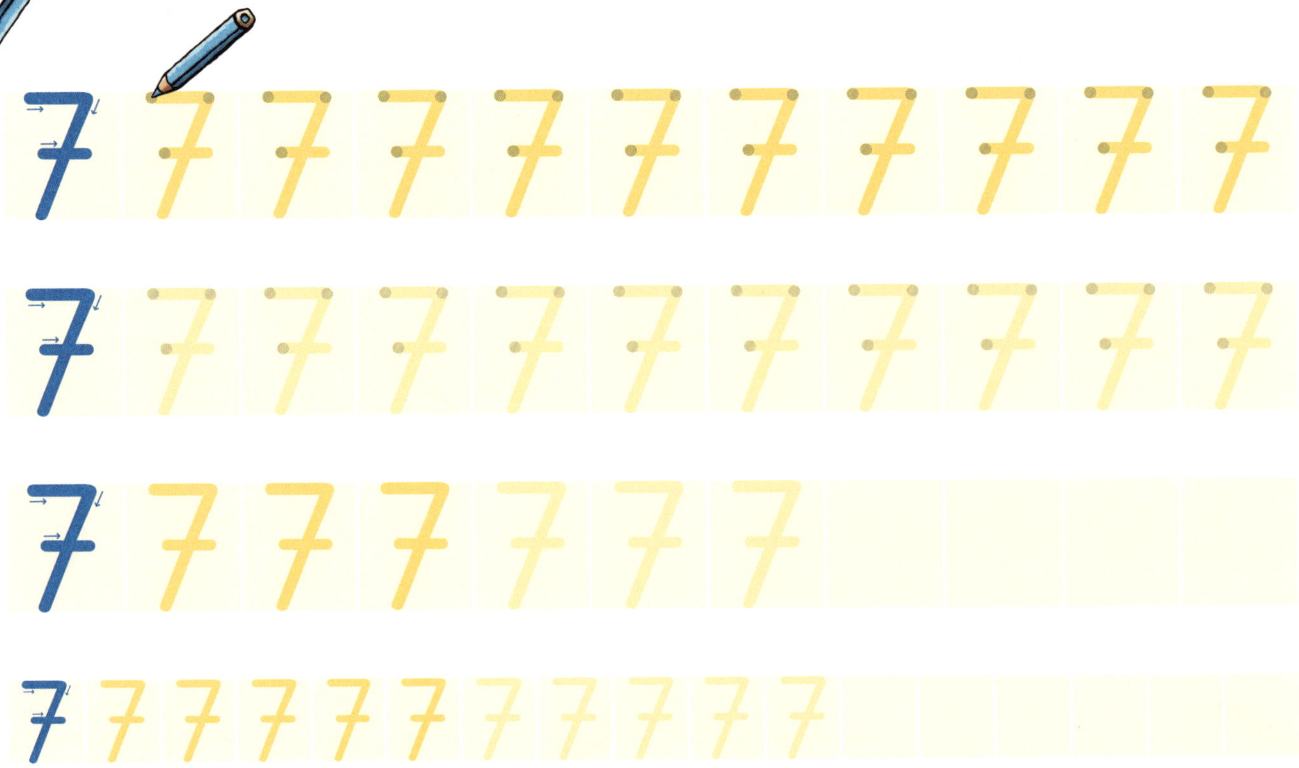

★ den Schreibablauf beim Schreiben der 7 erkennen und nachvollziehen ★ Schreibantritte und Wendepunkt beachten ★ **MK:** den Schreibablauf auf eine andere Handlungsform übertragen, z. B. am Whiteboard schreiben ★ die Zahl auf dem Zehnerfeld darstellen

1

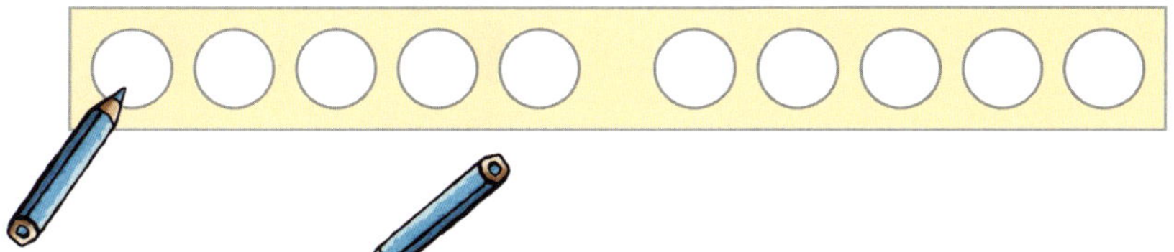

2

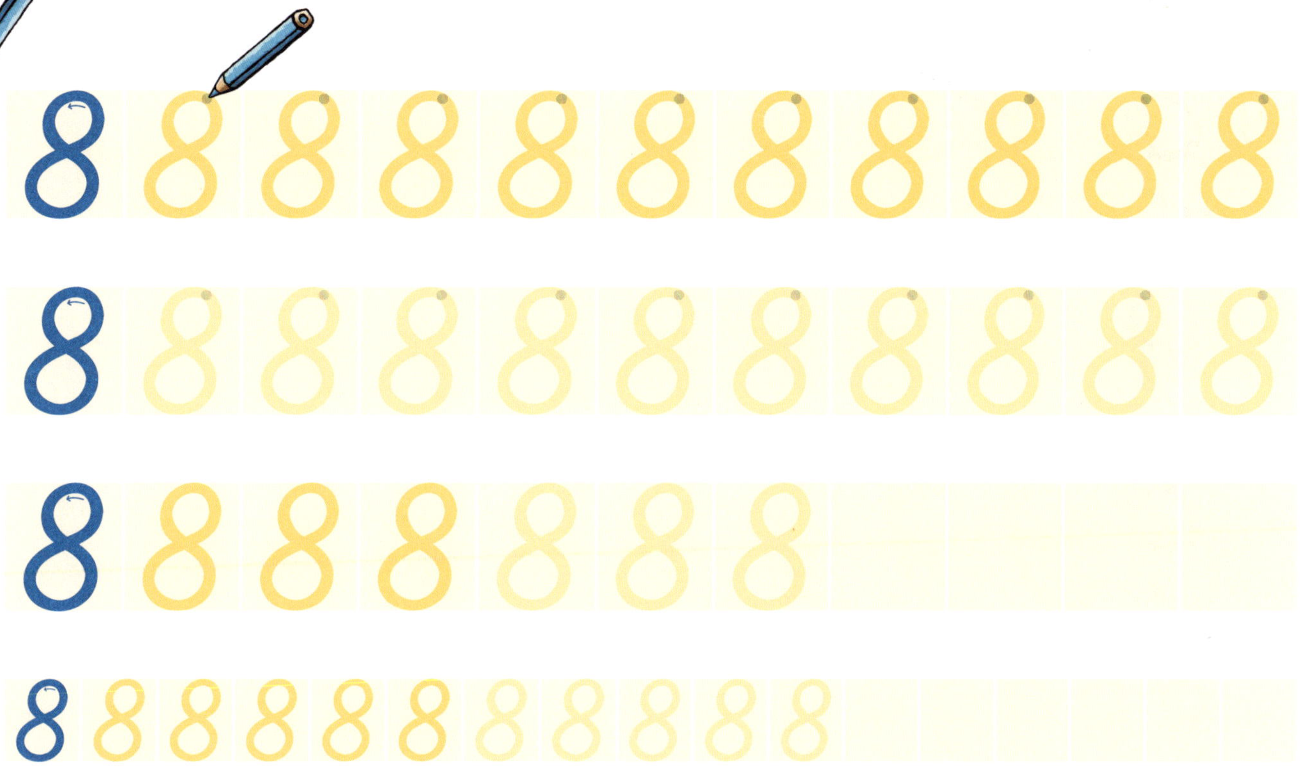

✶ den Schreibablauf beim Schreiben der 8 erkennen und nachvollziehen ✶ Schreibantritt beachten ✶ den Schreibablauf auf eine andere Handlungsform übertragen, z. B. mit einem Seil legen und ablaufen ✶ die Zahl auf dem Zehnerfeld darstellen

23

1

9

2

★ den Schreibablauf beim Schreiben der 9 erkennen und nachvollziehen ★ Schreibantritt und Wendepunkt beachten ★ MK: den Schreibablauf auf eine andere Handlungsform übertragen, z. B. auf dem Tablet nachspuren ★ die Zahl auf dem Zehnerfeld darstellen

1

| 5 | 4 ✏ | |

2

0 0 0 0 0 0 0 0

0 0 0 0 0 0 0 0 0

0 0 0 0 0 0 0 0 0

★ die Null kennenlernen
★ den Schreibablauf beim Schreiben der 0 erkennen und nachvollziehen
★ Schreibantritt beachten

ÜH 3   25

1

7 7 7 7 7 7   7

8 8 8 8 8 8   8

9 9 9 9 9 9   9

0 0 0 0 0 0   0

10 10 10   10

2

3 4 5 6 7 8 9 10 3 4 5 6 7 8 9 10

10 9 8 7 6 10 9 8 7 6

7 8 9 7 8 9

8 7 6 8 7 6

2 4 6 8 10 2 4 6 8 10

1 3 5 7 9 1 3 5 7 9

0 3 6 9 0 3 6 9

9 7 5 3 1 9 7 5 3 1

★ Zahlen bis 10 schreiben, Schreibantritte und Wendepunkte beachten
★ Muster in Zahlenreihen erkennen und fortsetzen

1

2

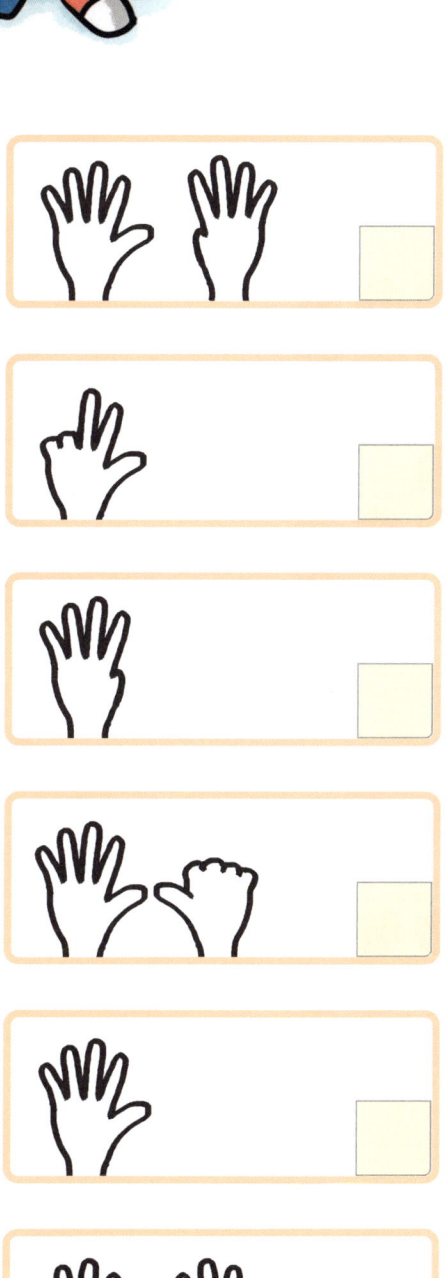

★ Anzahlen in Fingerbildern erkennen und notieren
★ Fünferstruktur bei Fingerbildern nutzen
★ bei der Notation der 10 für jede Ziffer ein separates Kästchen nutzen

27

[1]

[2]

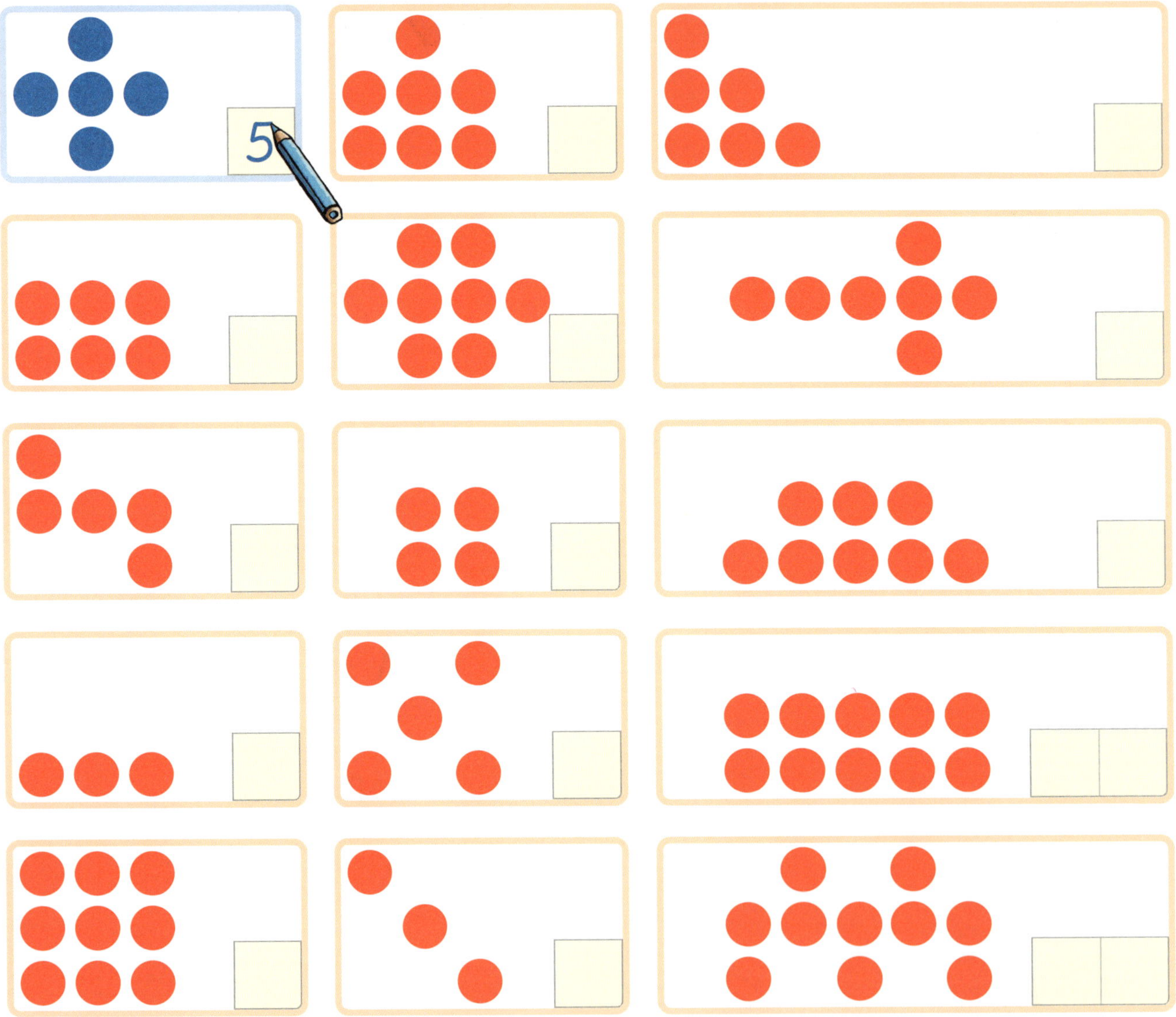

5

[3]

1 2 3
B

★ Anzahlen mit Steckwürfeln unterschiedlich darstellen und zeichnen ★ Anzahlen
bestimmen und notieren ★ Strukturen in Punktebildern zur Anzahlbestimmung nutzen
★ bei der Notation der 10 für jede Ziffer ein separates Kästchen nutzen

1

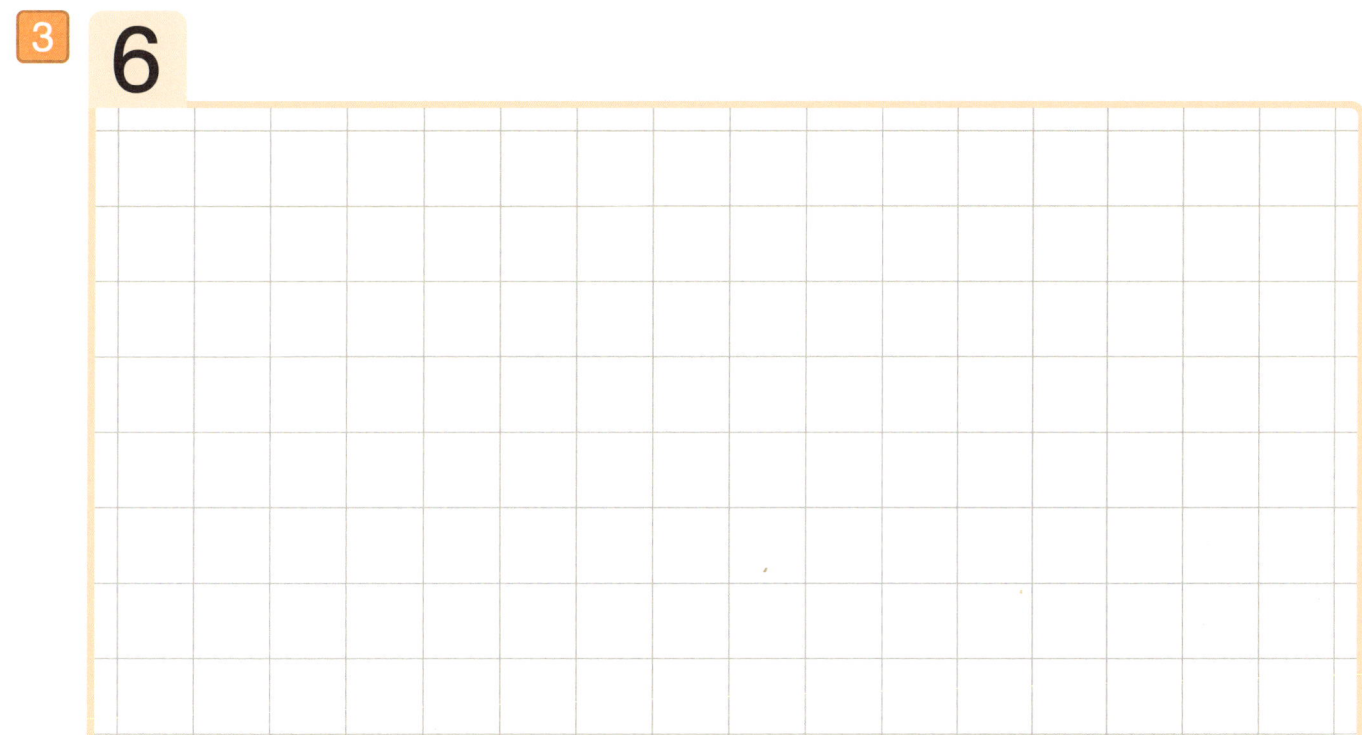

2 **4**

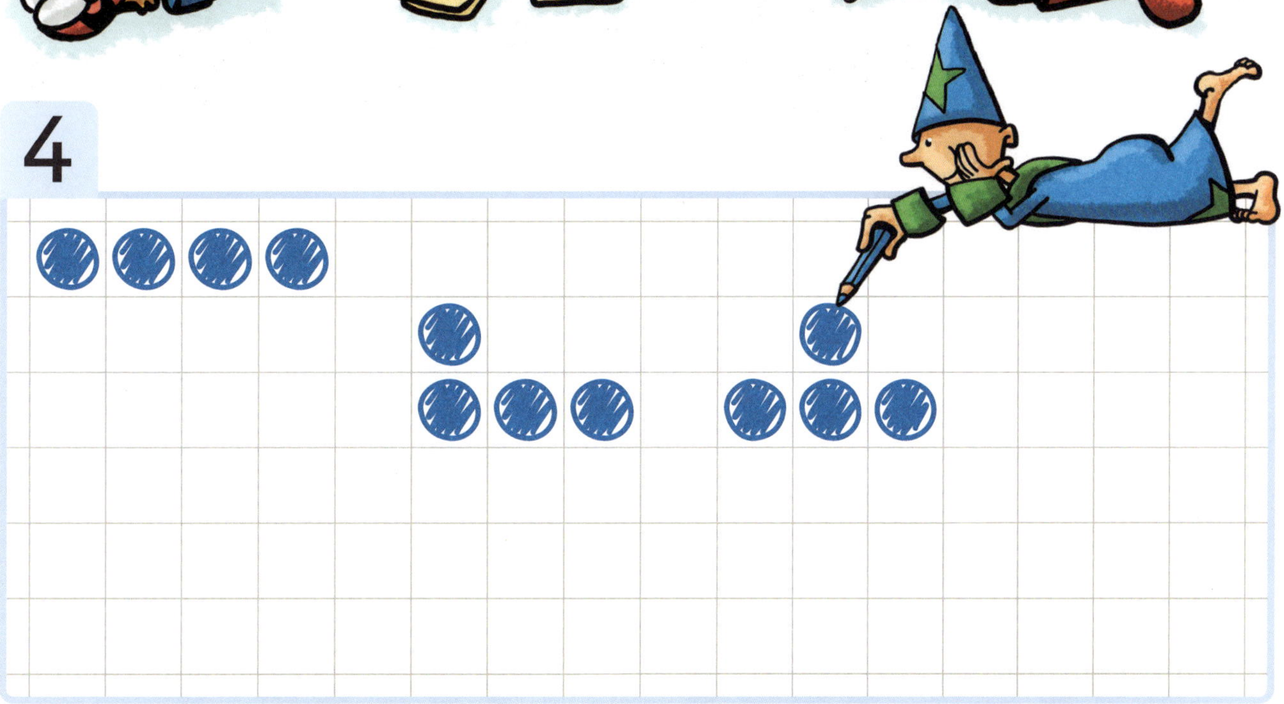

3 **6**

1

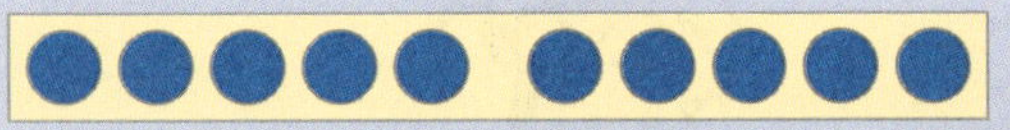

das Zehnerfeld

4

2

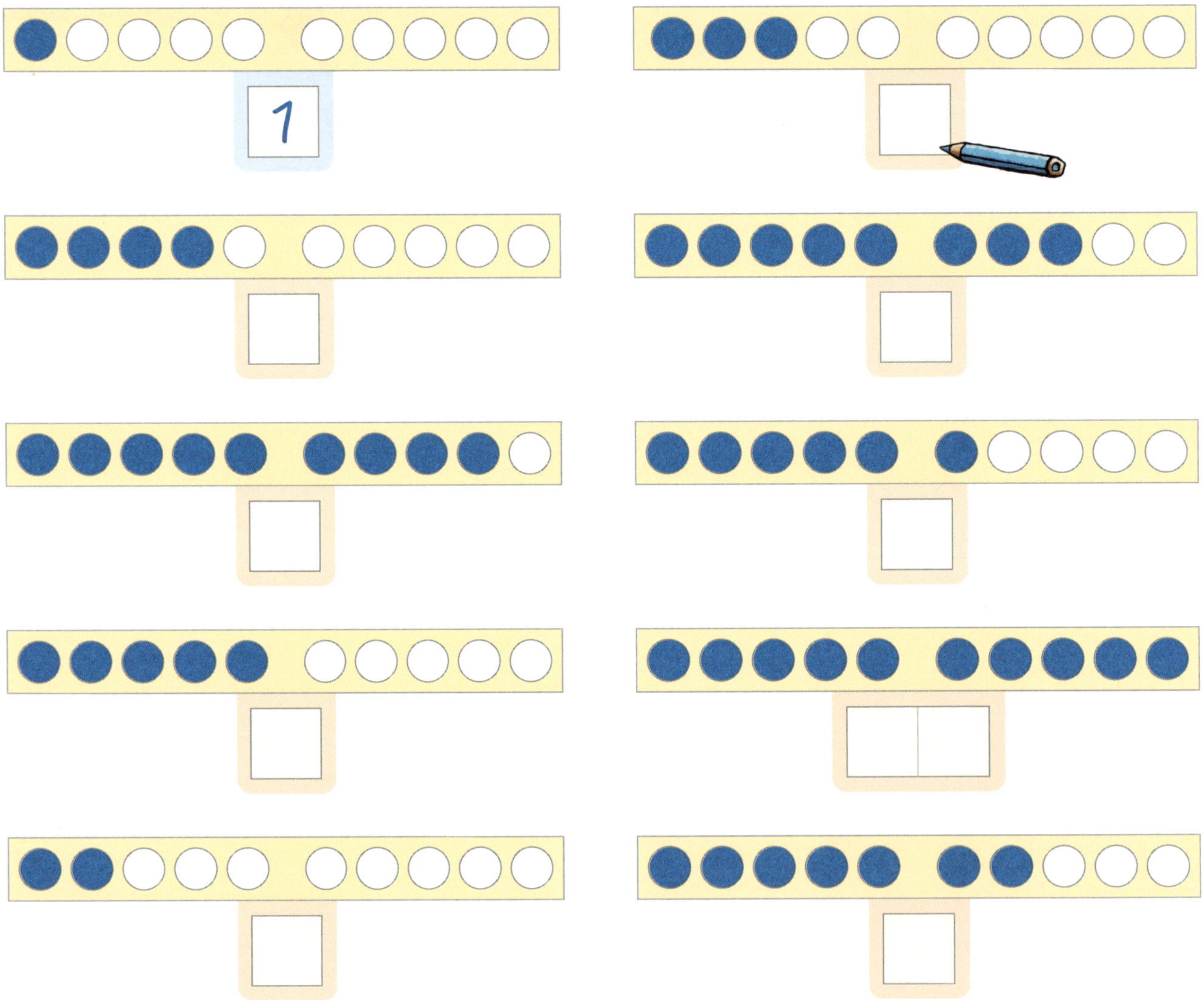

1

3

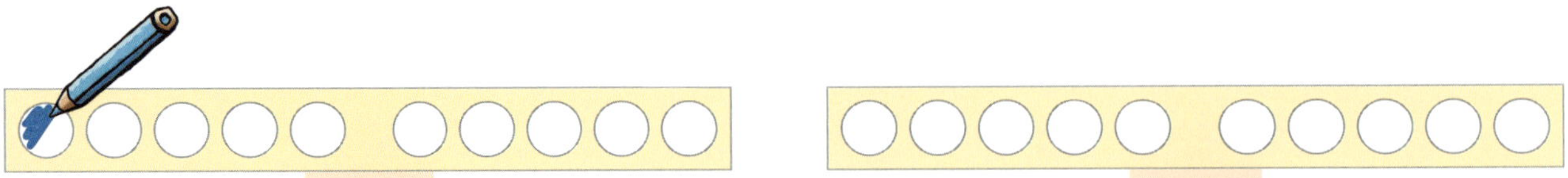

10

5

 B

 ÜH 4

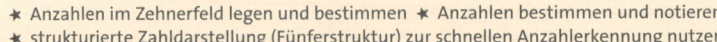 ★ Anzahlen im Zehnerfeld legen und bestimmen ★ Anzahlen bestimmen und notieren
★ strukturierte Zahldarstellung (Fünferstruktur) zur schnellen Anzahlerkennung nutzen
★ SF: Begriffe „Zehnerfeld" und „Plättchen" verwenden

 1

7

Ich **ergänze** zu 7.

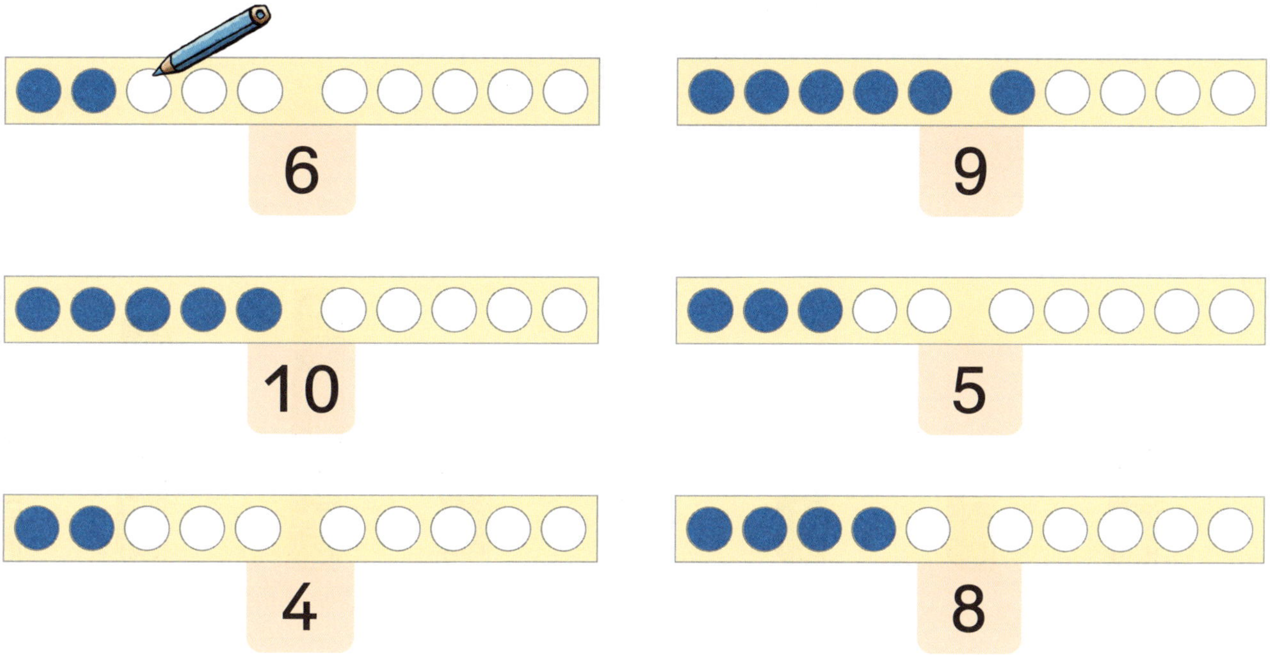

6

9

10

5

4

8

2

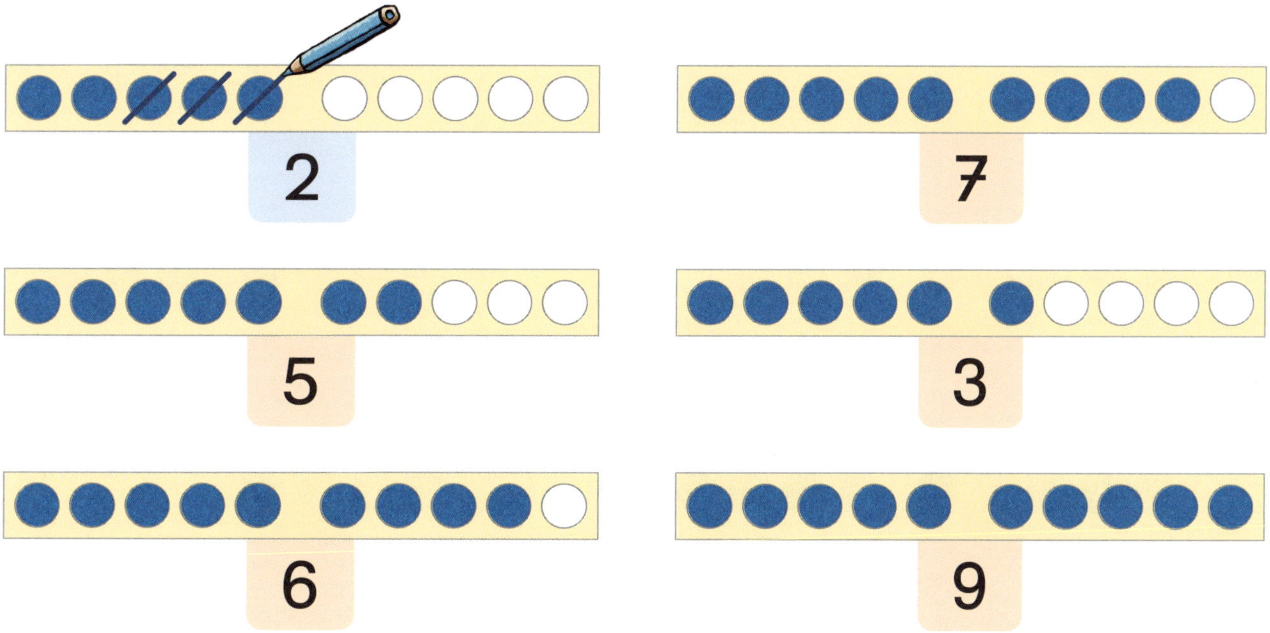

2

7

5

3

6

9

★ Zahlen im Zehnerfeld darstellen, Plättchen ergänzen bzw. wegstreichen

D 13

1

2 ist kleiner als 4.

7 ist größer als 3.

2 < 4   5 = 5   7 > 3

| 2 | < | 4 | 5 | = | 5 | 7 | > | 3 |

2 ist kleiner als 4. | **5 ist gleich 5.** | **7 ist größer als 3.**

2

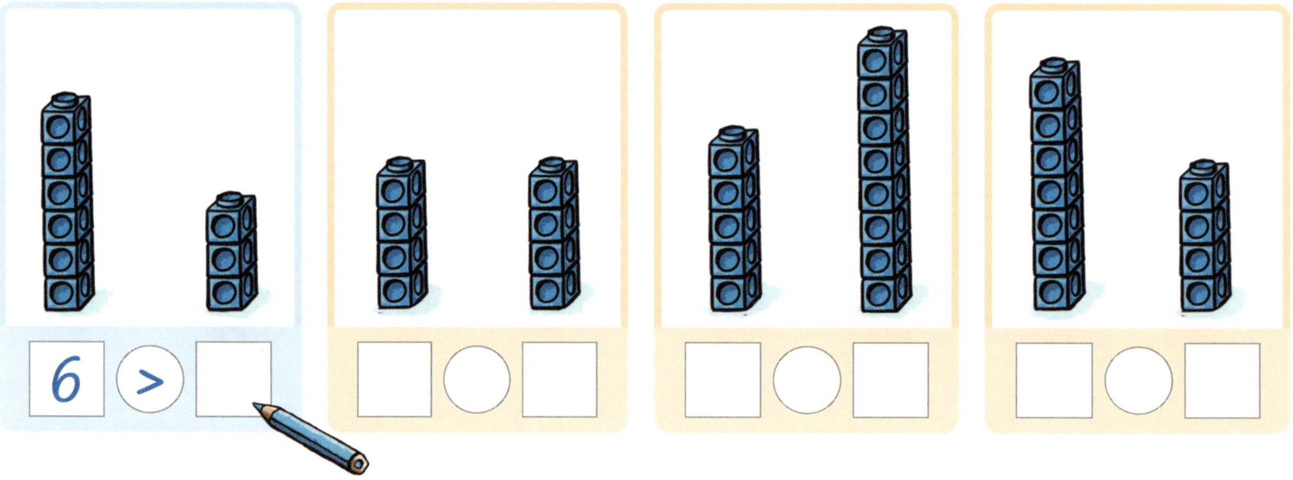

6 > [ ]

[ ] ◯ [ ]   [ ] ◯ [ ]   [ ] ◯ [ ]

3

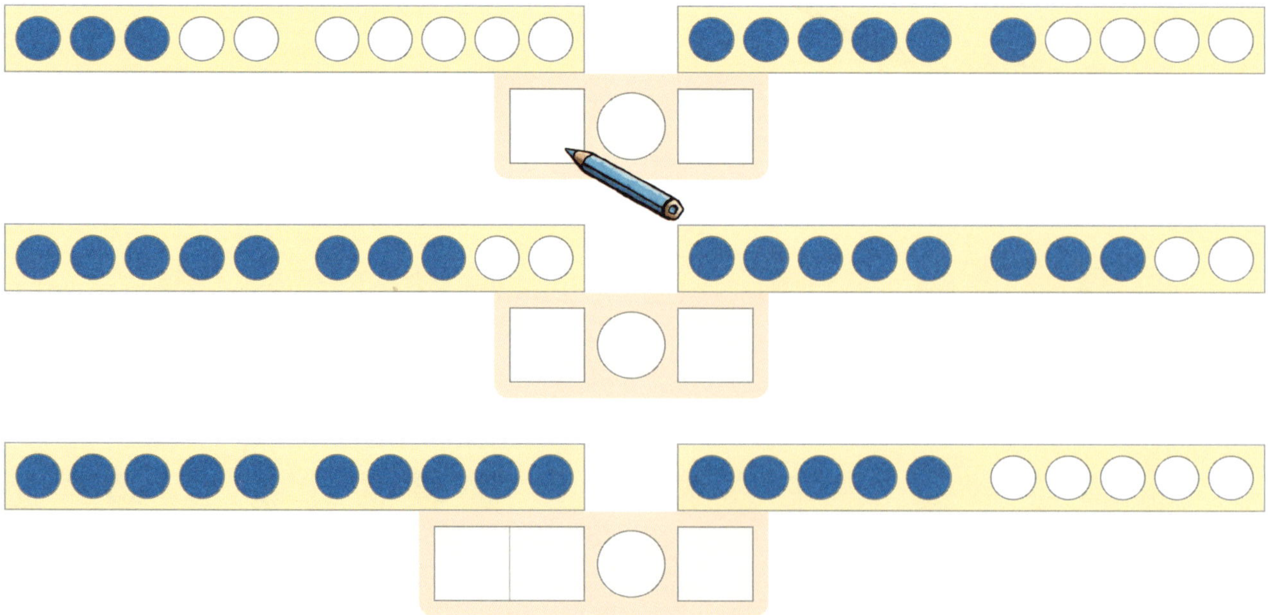

● ● ● ○ ○ ○ ○ ○ ○   ● ● ● ● ● ● ○ ○ ○ ○

[ ] ◯ [ ]

● ● ● ● ● ● ● ○   ● ● ● ● ● ● ● ○ ○

[ ] ◯ [ ]

● ● ● ● ● ● ● ● ●   ● ● ● ● ● ○ ○ ○ ○ ○

[ ] ◯ [ ]

★ Anzahlen vergleichen ★ Zeichen >, <, = passend einsetzen
★ SF: Zahlen und Zeichen in Sprache übertragen

[1]

4 ist kleiner als 7.

[2]

5 ○ 2		6 ○ 6		1 ○ 4	
3 ○ 5		4 ○ 0		2 ○ 7	
4 ○ 4		10 ○ 8		9 ○ 5	
7 ○ 9		5 ○ 7		8 ○ 8	
6 ○ 1		9 ○ 9		10 ○ 4	
8 ○ 3		3 ○ 2		0 ○ 5	

[3]

3 > ☐		6 > ☐		☐ > 4	
5 < ☐		9 > ☐		☐ = 7	
0 < ☐		3 = ☐		☐ > 2	

[4]

☐ < ☐		☐ < ☐		☐ > ☐	
☐ = ☐		☐ > ☐		☐ < ☐	

1

2

3

123
B

★ Zahlen der Reihenfolge nach vorwärts und rückwärts verbinden

1

2

0	1				5			8		

1			4							11

4			7			10

3

10	9			6						0

8			5				1	

12	11	10				6			

4

1		3					8		

7			4				

3		5						11

* Zahlenfolgen vorwärts und rückwärts legen
* Ausschnitte aus Zahlenfolgen vorwärts und rückwärts ergänzen

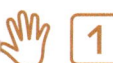

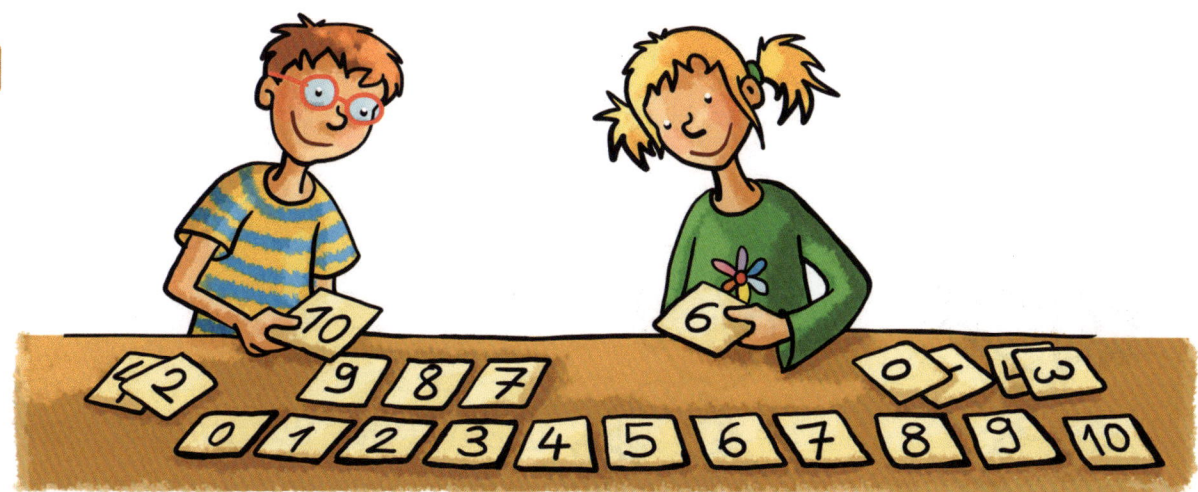

1

4 ist der **Vorgänger** von 5.

6 ist der **Nachfolger** von 5.

| 4 | 5 | 6 |

4 ist der **Vorgänger** von 5.

6 ist der **Nachfolger** von 5.

4 und 6 sind die **Nachbarzahlen** von 5.

2

| 1 | 2 | 3 | | | 4 | | | 3 | | | 1 | |

| | 5 | | | 7 | | | 8 | | | 9 | |

3

| 4 | | 6 | 3 | | 5 | 6 | | 8 | 8 | | 10 |

| 1 | | | 7 | | | 0 | | | 5 | | |

| | | 3 | | | 4 | | | 7 | | | 10 |

4

| 2 | | | | 7 | | | | 5 | | | 3 |

| | | | | | | | | | | | |

   ÜH 6

★ Nachbarzahlen finden
★ selbst Zahlen wählen und Nachbarzahlen finden
★ **SF:** Begriffe „Vorgänger" und „Nachfolger" sowie „Nachbarzahlen" verwenden

☝ 1

2

3

★ Ordnungszahlen bei der Platzierung eines Autorennens verwenden
★ Ordnungszahlen zur Kennzeichnung der Rangfolge bei Wettbewerben nutzen

37

1

1.

1.

1.

2

1.

D 16

★ Reihenfolge von Handlungsabläufen erkennen   ★ SF: Handlungsabläufe beschreiben
★ Ordnungszahlen zur Kennzeichnung der Reihenfolge nutzen

B

1

1.	2.	3.	4.
☺	☃		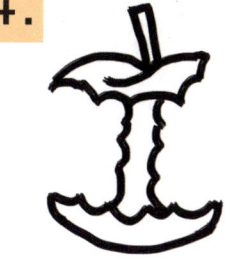

1.	2.	3.	4.

2

2.	3.	4.	1.

4.	1.	3.	2.

2.	1.	4.	3.

★ Reihenfolge von Handlungsabläufen erkennen, fehlendes Bild ergänzen

5 Zahlzerlegungen im Zahlenhaus darstellen

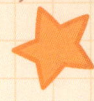

1

Ich trage ins Zahlenhaus ein.

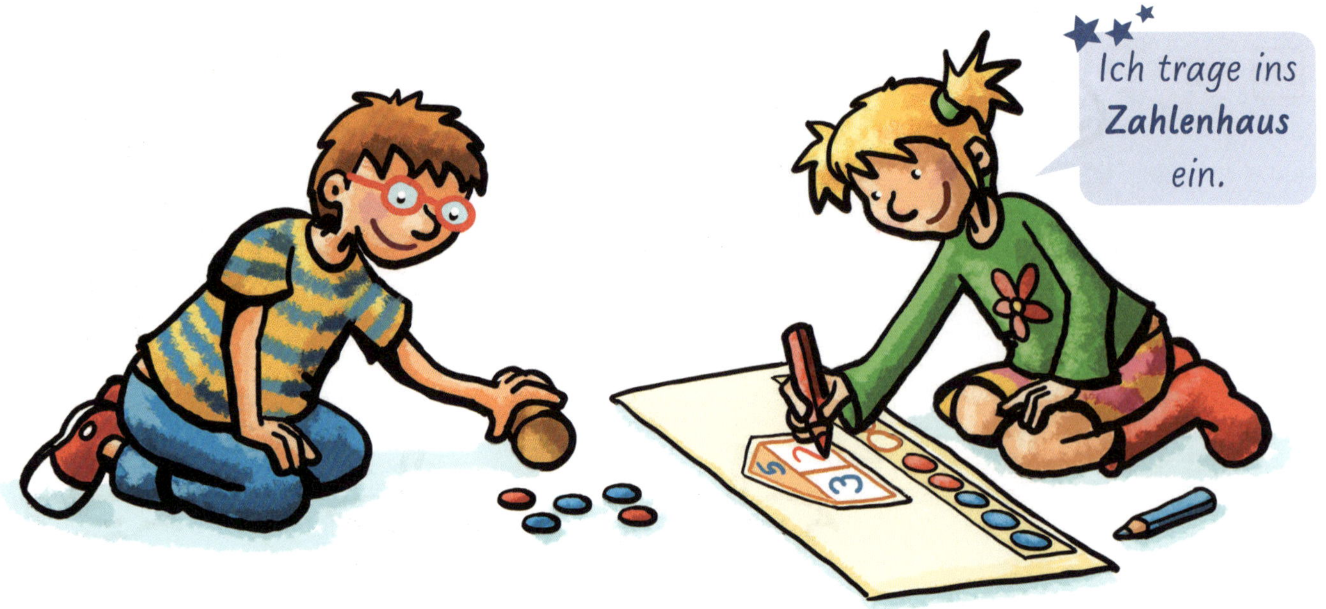

2

5
5 0
5
5
5
5
5

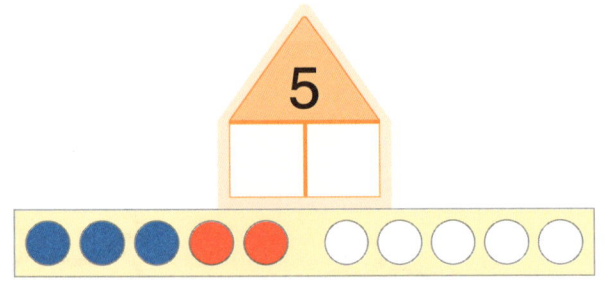

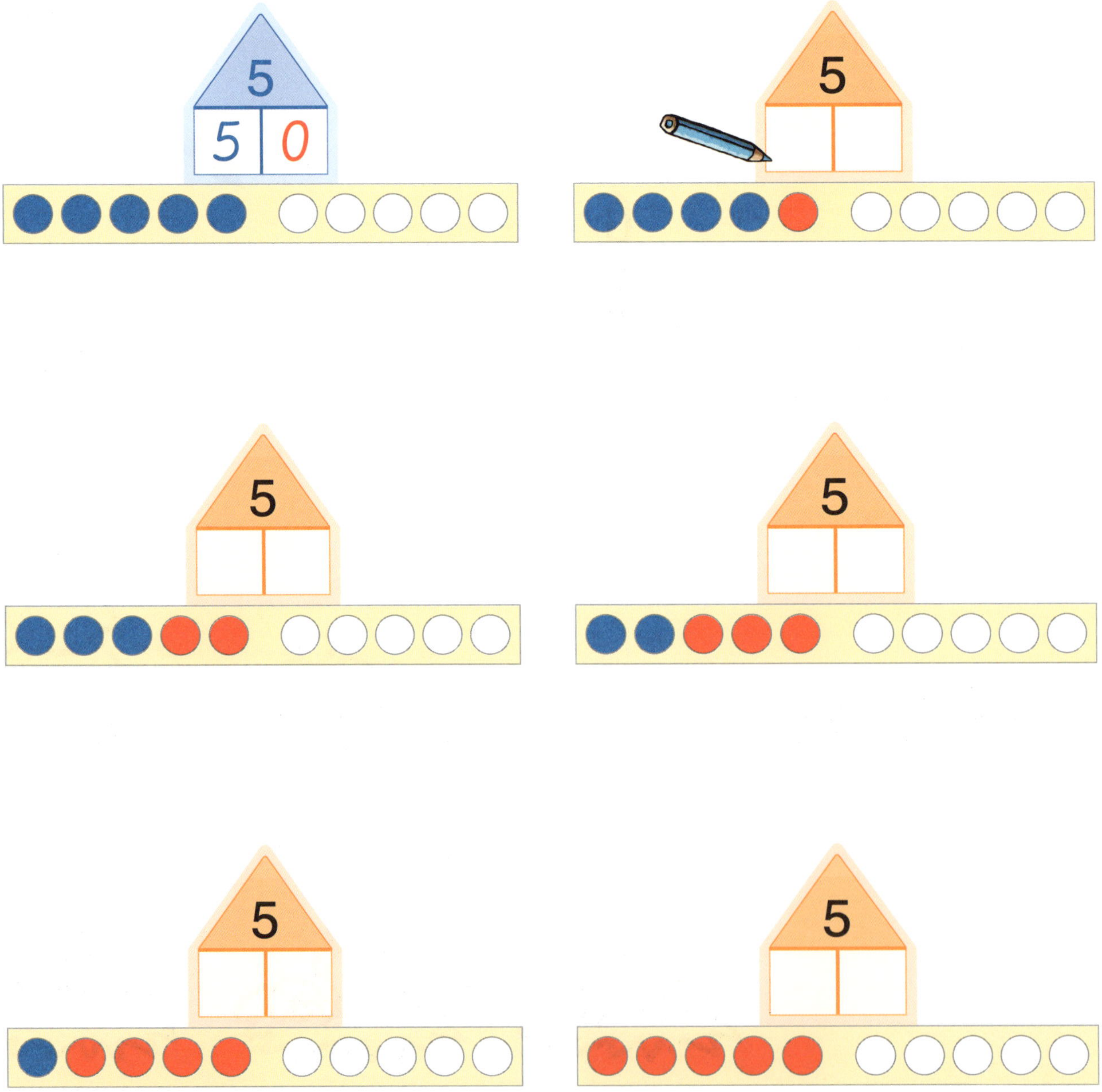

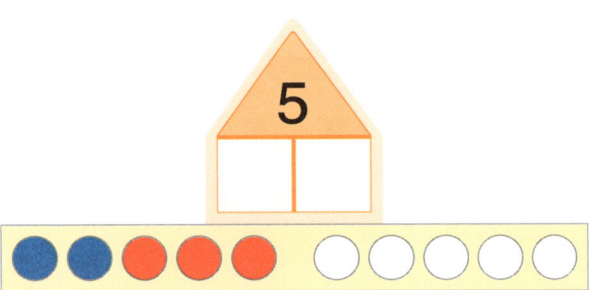

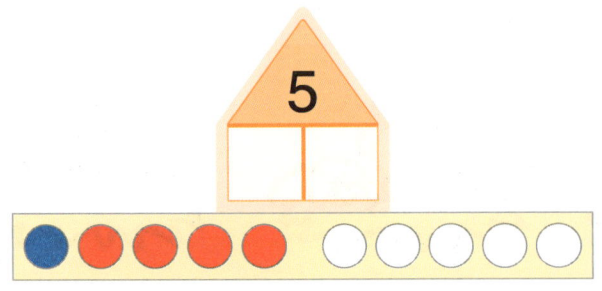

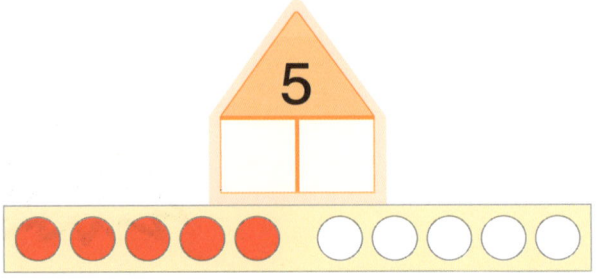

B

★ Wendeplättchen werfen, Zahlzerlegungen am Zehnerfeld nachlegen und im Zahlenhaus notieren ★ Zahlzerlegungen der 5 notieren
★ SF: Begriff „Zahlenhaus" verwenden

1

2

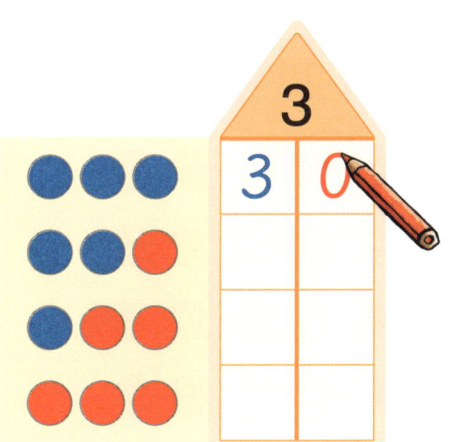

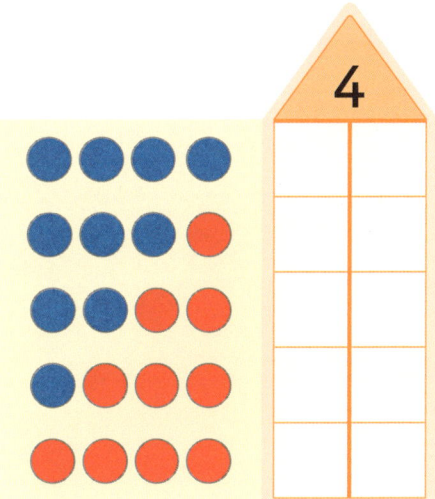

3

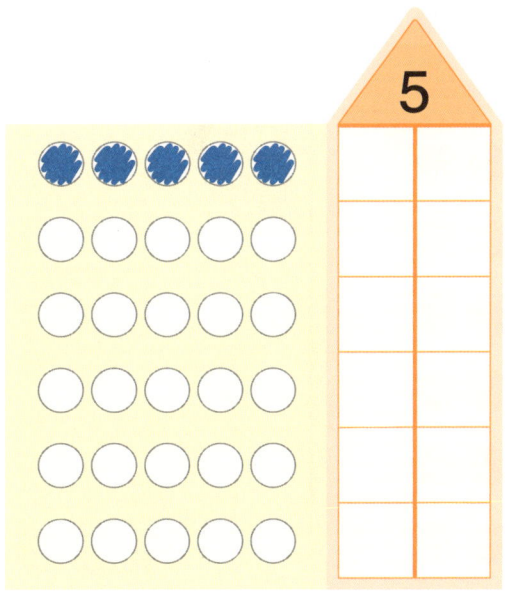

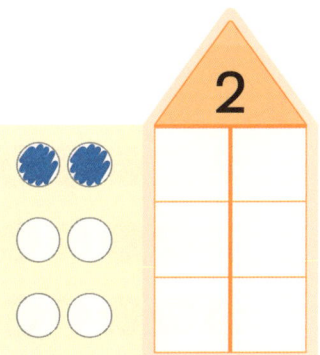

★ alle möglichen Zahlzerlegungen der Zahlen 1 bis 5 finden ★ zuerst mit Plättchen legen
★ in Punktebildern vorgegebene Zahlzerlegungen ins Zahlenhaus übertragen
★ systematisches Vorgehen anbahnen

B

1

6	
6	0
5	1
4	

2

7	
7	0
6	1
5	

3

8	
8	0
7	

B

★ alle möglichen Zahlzerlegungen der 6, der 7 und der 8 finden
★ in Punktebildern vorgegebene Zahlzerlegungen ins Zahlenhaus übertragen
★ systematisches Vorgehen anbahnen ★ ggf. zuerst mit Plättchen legen

1

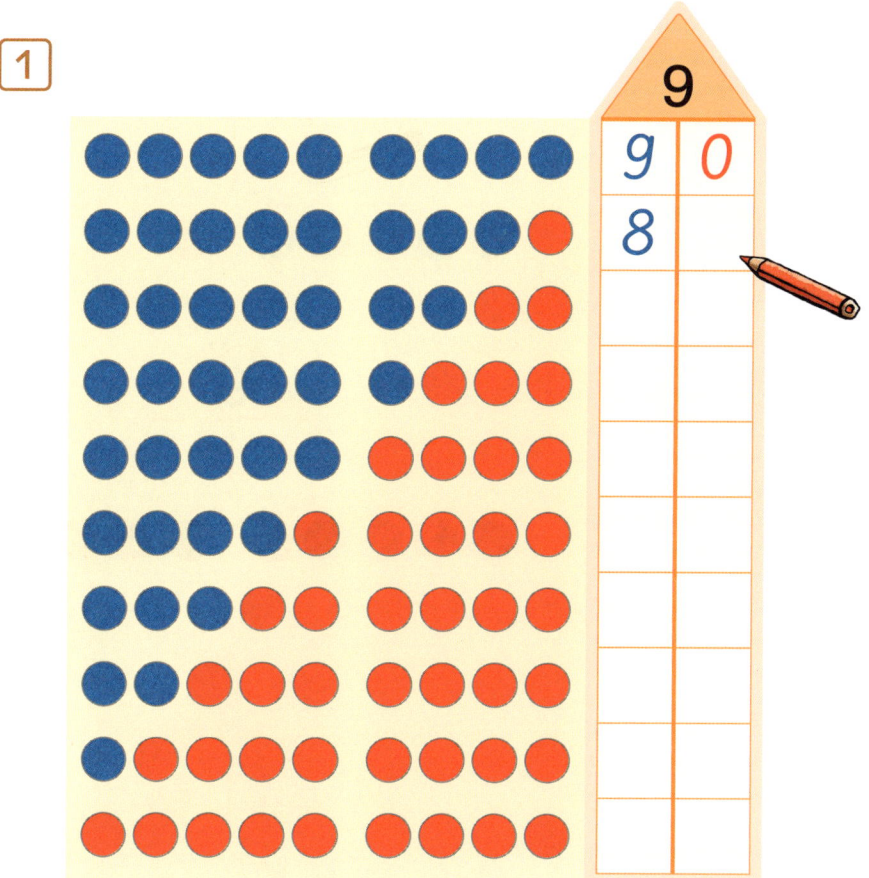

9	
9	*0*
8	

2

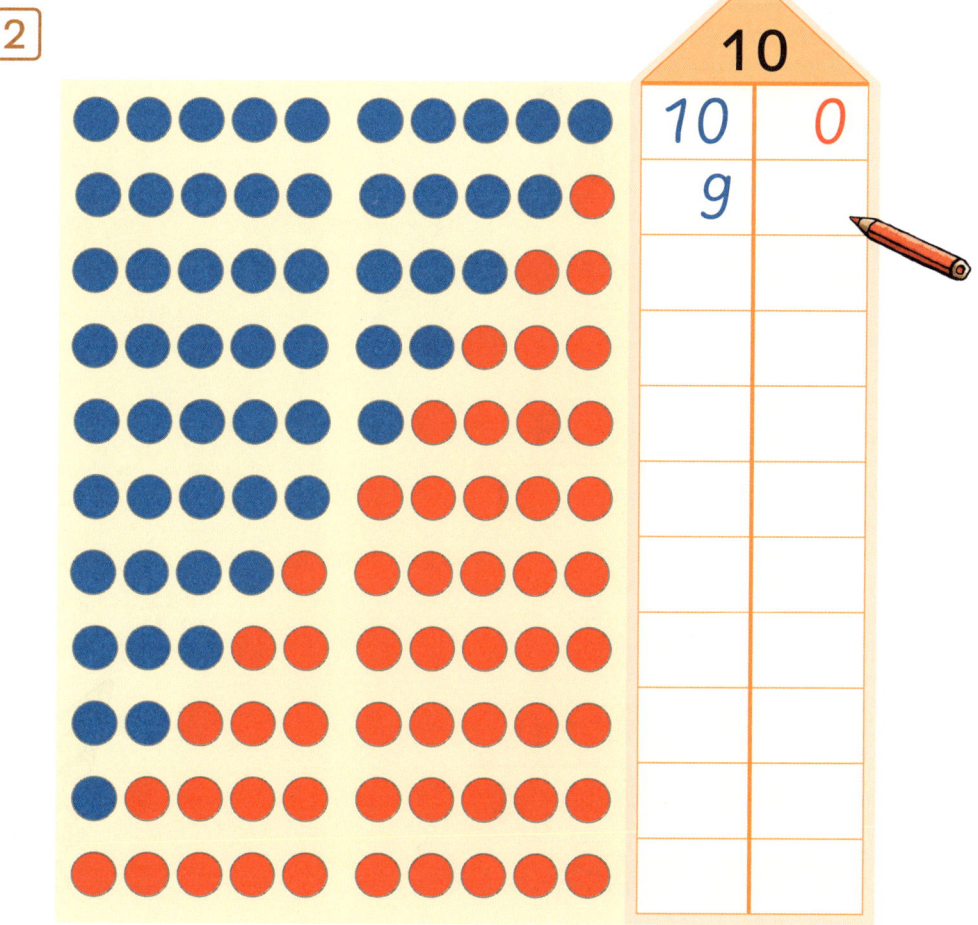

10	
10	*0*
9	

★ alle möglichen Zahlzerlegungen der 9 und der 10 finden
★ in Punktebildern vorgegebene Zahlzerlegungen ins Zahlenhaus übertragen
★ systematisches Vorgehen anbahnen ★ ggf. zuerst mit Plättchen legen

1

4
2 | 2

6

7

9

2

4
3 | 1

8
4 |

5
2 |

7
5 |

3

3
| 2

6
| 6

10
| 4

 B   ÜH 7

★ Zahlzerlegungen notieren
★ Zahlzerlegungen am Zehnerfeld finden und im Zahlenhaus darstellen
★ ggf. zuerst mit Plättchen legen

1

5

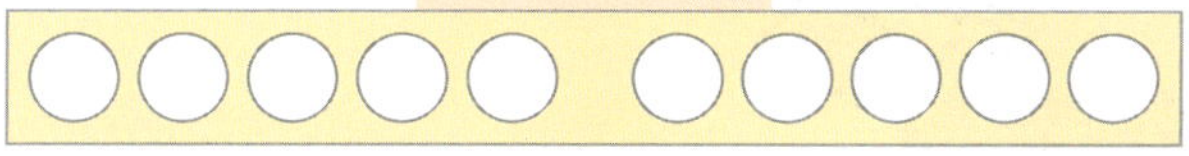

10

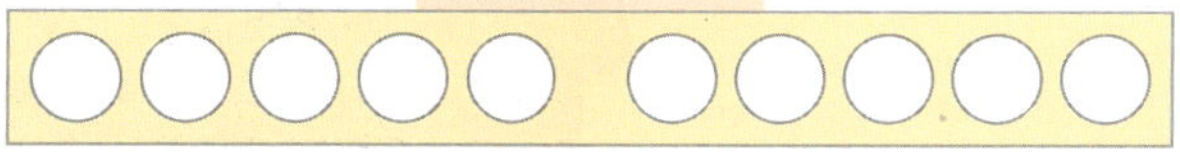

6

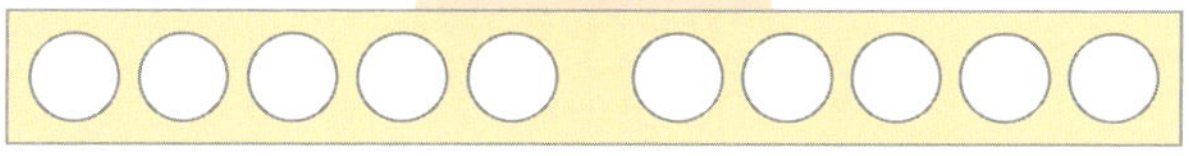

9

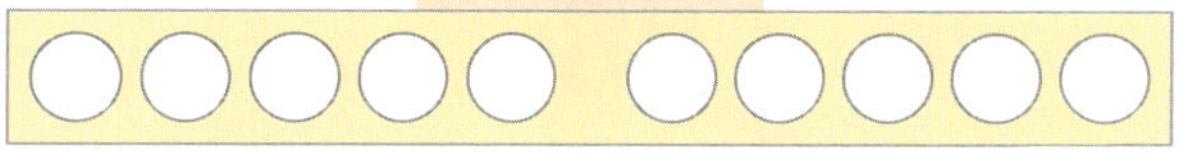

2

8
6 | 2

4
4 |

7
1 |

10
7 |

9
| 3

2
| 1

5
| 2

6
| 4

3

7

3

10

8

4

10
3 | 4 |

7
4 | 1 |

8
2 | 5 |

6
1 | 2 |

8
| 4 | 4

10
| 2 | 3

9
3 | | 3

7
2 | | 1

 1

6 und 4

2

10

🖐🖐	5	5
🖐🖐		
🖐🖐		

10

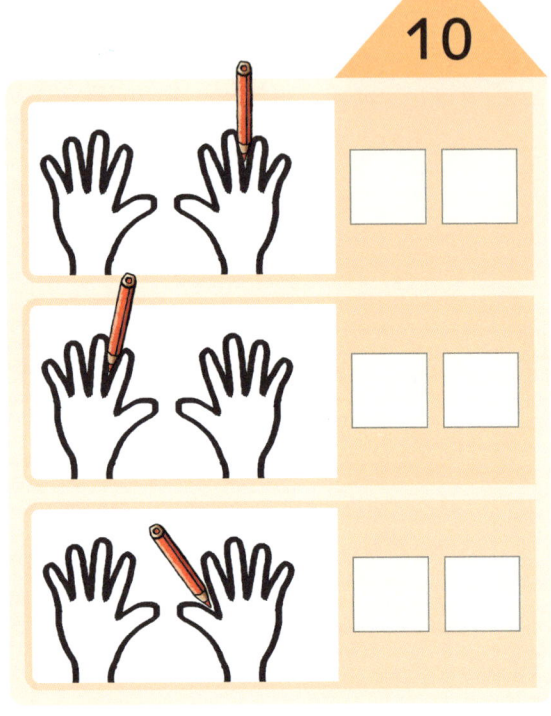

3

10

7	3	🖐🖐
2		🖐🖐
9		🖐🖐

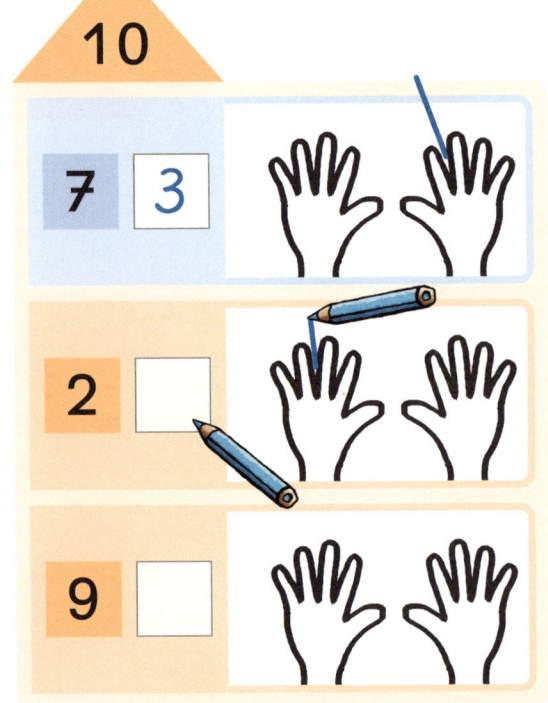

10

5		🖐🖐
8		🖐🖐
4		🖐🖐

★ Zerlegungen zur 10 an Fingerbildern ablesen und notieren
★ Zerlegungen zur 10 an Fingerbildern nach Vorgabe einzeichnen und notieren

1

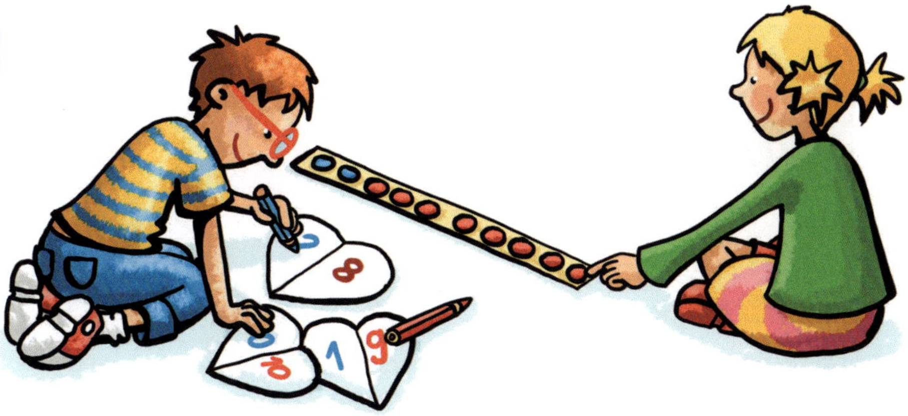

Verliebte Zahlen sind Zahlen, die zusammen 10 ergeben.

2

| 3 | 7 | 10 | | 5 | | 2 | | 9 | |

| 6 | | 1 | | 8 | | 7 | | 4 | |

3

| 5 | 5 | | 8 | | 3 | | 10 | | 1 |

| | 4 | | 2 | | 9 | | 7 | | 6 |

4

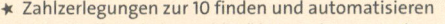

Quadrat

Rechtecke

Vierecke

Dreieck

Kreis

Rechtecke und Quadrate sind besondere Vierecke.
Quadrate sind besondere Rechtecke.

 1

Einen Kreis sehe ich bei ...

Ein Rechteck sehe ich bei meinem Heft.

 2

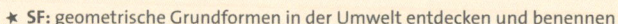

★ SF: geometrische Grundformen in der Umwelt entdecken und benennen
★ SF: Eigenschaften geometrischer Grundformen beschreiben
★ geometrische Grundformen in einer Abbildung erkennen und nach Vorgabe ausmalen

1

●	▲	■	■
4	1	1	2

● 🖊	▲	■	■

●	▲	■	■

●	▲	■	■

●	▲	■	■

★ geometrische Grundformen in komplexen Abbildungen erkennen und nach Vorgabe ausmalen ★ Anzahl der geometrischen Grundformen jeweils bestimmen und notieren

1

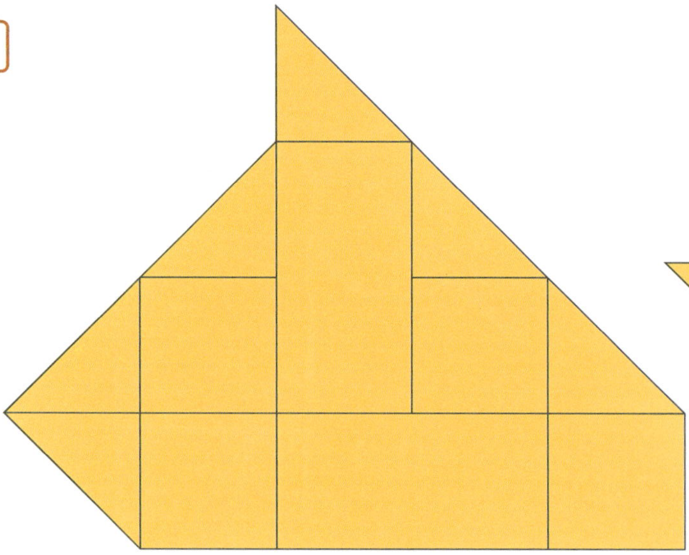

▢	▭	◣
4	2	

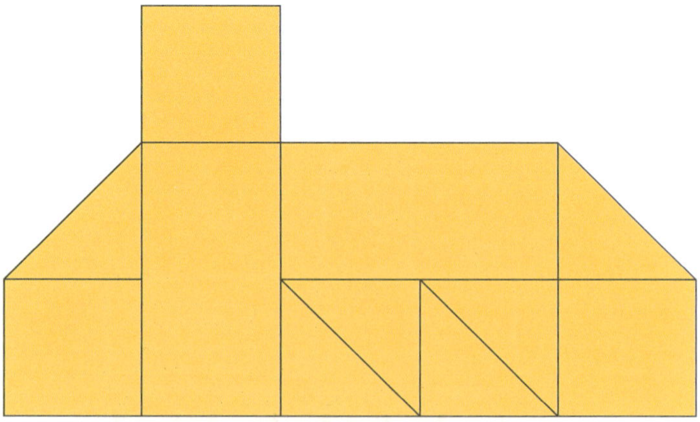

★ Figuren mit geometrischen Grundformen auslegen
★ Anzahl der jeweils verwendeten Grundformen notieren

1

▢	▭	◿
2	1	6
0	2	6
4	0	6
1	1	8

2

▢	▭	◿

3

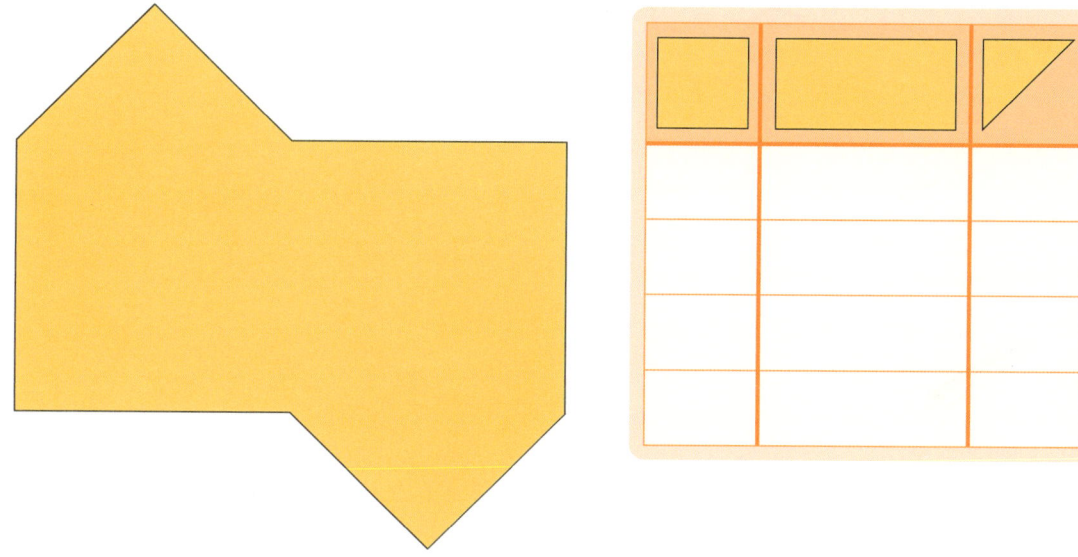

▢	▭	◿

★ Figur nach Vorgabe mit geometrischen Formenplättchen auslegen
★ verschiedene Möglichkeiten zum Auslegen von Figuren finden und notieren

2

3

★ Reihen aus unterschiedlichen Materialien legen ★ SF: Unterschied zwischen beliebig angeordneten Gegenständen und Reihen erkennen und beschreiben ★ Reihen aus geometrischen Grundformen fortsetzen ★ Reihen aus geometrischen Grundformen erfinden

1

2

3

★ Reihen auf ihre Regelhaftigkeit überprüfen
★ Fehler (überzähliges, falsches bzw. fehlendes Element) finden und korrigieren

1

2

3

 B   ÜH 10    D 22   ★ mit geometrischen Grundformen oder Bauklötzchen Muster legen
★ SF: Eigenschaften von Mustern in Abgrenzung zu beliebiger Anordnung beschreiben
★ Muster fortsetzen ★ eigene Muster zeichnen

Themenheft 1

⭐ Die Zahlen bis 10 ⭐ Formen, Muster, Reihen

Erarbeitet von: Roland Bauer und Jutta Maurach

Redaktion: Sophie Arndt, Friederike Thomas

Illustration: Yo Rühmer

Umschlaggestaltung: Cornelia Gründer, agentur corngreen, Leipzig

Layout und technische Umsetzung: lernsatz.de

Begleitmaterialien für Lernende der ersten Klasse

Einstern 1 Paket Verbrauchsmaterial — 978-3-06-084657-3
Einstern 1 *leicht gemacht* Paket Verbrauchsmaterial — 978-3-06-084658-0
Übungssternchen — 978-3-06-084656-6

 Deine **interaktiven Gratis-Übungen** findest du hier:

1. Gehe auf scook.de.
2. Gib den unten stehenden Zugangscode in die Box ein.
3. Hab viel Spaß mit deinen Gratis-Übungen.

Dein Zugangscode auf
www.scook.de | n88sh-5vfp8

www.cornelsen.de

1. Auflage, 4. Druck 2021

Alle Drucke dieser Auflage sind inhaltlich unverändert
und können im Unterricht nebeneinander verwendet werden.

© 2021 Cornelsen Verlag GmbH, Berlin

Druck: Athesiadruck GmbH

ISBN 978-3-06-084641-2
ISBN 978-3-06-084664-1 (Themenhefte 1–4 und Diagnose-Sternchen als E-Book)

PEFC zertifiziert
Dieses Produkt stammt aus nachhaltig
bewirtschafteten Wäldern und kontrollierten
Quellen.

PEFC
PEFC/18-31-166   www.pefc.de

Vorschläge für Plenumsphasen zum vertiefenden Erwerb prozessbezogener Kompetenzen

S. 4/5 Kinder beschreiben Situationen in der Darstellung des Klassenzimmers sowie aus dem eigenen Klassenzimmer und wenden dabei ihr mathematisches Vorwissen an (→ BigBook: Seite 4)

S. 8 Kinder beschreiben unterschiedliche Zählhilfen, vergleichen und bewerten diese

S. 14 Kinder beschreiben die Bedeutung der Kennzeichnung von Schreibantritt, Wendepunkt und Richtungspfeilen beim Schreiben von Ziffern

S. 28 Kinder beschreiben ihr Vorgehen bei der Anzahlbestimmung (zählend oder simultan) und beschreiben anhand von Beispielen, inwieweit sie bekannte Zahldarstellungen und Teilstrukturen als Hilfe nutzen

S. 29 Kinder beschreiben ihr (systematisches) Vorgehen beim Finden möglichst vieler Darstellungen, vergleichen und bewerten unterschiedliche Vorgehensweisen

S. 30 Kinder beschreiben die Struktur der Zahldarstellung im Zehnerfeld und erkennen die Fünferstruktur als vorteilhaft für das schnelle Erfassen der Anzahl

S. 32 Kinder führen mit Steckwürfeln Größenvergleiche durch und leiten daraus die entsprechenden Relationszeichen (<, >, =) ab; sie übertragen dargestellte Größenvergleiche in Sprache (→ BigBook: Seite 6)

S. 33 Kinder erkennen, dass beim Ergänzen passender Zahlen in Ungleichungen mehrere Lösungen möglich sind (ausgenommen: 1 > _)

S. 37/38 Kinder beschreiben und begründen ihr Vorgehen bei der Festlegung von Rangfolgen sowie Reihenfolge von Vorgängen und lernen Ordnungszahlen zur Kennzeichnung kennen (→ BigBook: Seite 8)

S. 41 Kinder beschreiben ihr systematisches Vorgehen beim Finden aller Zahlzerlegungen

S. 48 Kinder beschreiben Merkmale verschiedener geometrischer Grundformen und lernen die entsprechenden Fachbegriffe kennen; über die Beschreibung der Eigenschaften erfahren sie, dass Rechtecke sowie Quadrate besondere Vierecke und Quadrate besondere Rechtecke sind (→ BigBook: Seite 10)

S. 54 Kinder erkennen und beschreiben die Merkmale von Mustern

Vorschläge für die Förderung von Medienkompetenz

S. 4/5 Kinder entdecken Medien in der Darstellung des Klassenzimmers sowie im eigenen Klassenraum; Kinder fotografieren Zahlen in der Umgebung

S. 30 Kinder erstellen ein Zehnerfeld mithilfe eines Zeichenprogramms am PC

S. 35/36 Kinder suchen Zahlenfolgen und Nachbarzahlen auf verschiedenen Tastaturen

S. 47 Kinder erstellen zu „verliebten Zahlen" ein Merkblatt oder für den Aushang in der Klasse ein Plakat

S. 48 Kinder erkennen Formen in der Umwelt und fotografieren diese; Kinder zeichnen geometrische Formen mithilfe eines Zeichenprogramms am PC

S. 52/54 Kinder gestalten Reihen/Muster am PC: z. B. Reihen aus Buchstaben oder Zahlen bzw. Reihen oder Muster mithilfe eines Zeichenprogramms

Synopse zu den Medienkompetenzbereichen

Suchen, Verarbeiten und Aufbewahren	S. 35, 36
Produzieren und Präsentieren	S. 30, 47, 48
Problemlösen und Handeln	S. 4/5, 22, 24, 30, 48, 52, 54